健身气功通用教材

健身气功·八段锦

国家体育总局健身气功管理中心　编

人民体育出版社

图书在版编目（CIP）数据

健身气功·八段锦 / 国家体育总局健身气功管理中心编.
-- 北京：人民体育出版社, 2018 (2025.11重印)
健身气功通用教材
ISBN 978-7-5009-5338-8

Ⅰ.①健… Ⅱ.①国… Ⅲ.①八段锦—教材
Ⅳ.①G852.9

中国版本图书馆CIP数据核字(2018)第041907号

健身气功·八段锦

国家体育总局健身气功管理中心　编
出版发行：人民体育出版社
印　　装：三河市兴达印务有限公司

开　本：787×960　16开本　　印　张：13　　字　数：150千字
版　次：2018年6月第1版　　印　次：2025年11月第10次印刷
书　号：ISBN 978-7-5009-5338-8
印　数：75,001—86,000册
定　价：42.00元

编委会

总　序

气功作为中华民族的文化瑰宝，是一门研究自我身心和谐的学问。据现有资料考证，气功至少已有五千多年的历史。其源起与人类的形成同步，盛行于新石器时代。在春秋战国时代，与百家诸子的学说相结合，形成了完整的理论体系。秦汉以降，流行于社会多阶层。汉季，佛教东渐、道教兴起，气功实践与宗教修行相结合，之后在魏晋、隋唐以至明清，又经历数次繁荣昌盛的阶段。大量实践经验的积累，形成了健身气功独具特色的理论体系和丰富多彩的锻炼方法，数千年来为中华民族的繁衍生息作出了卓越的贡献。

进入21世纪，健身气功事业发生了翻天覆地的变化，开创了健身气功史上空前的良好局面。国家体育总局健身气功管理中心从挖掘整理优秀传统气功功法入手，并汲取当代最新的科学研究成果，先后编创推出了健身气功·易筋经、五禽戏、六字诀、八段锦和太极养生杖、导引养生功十二法、十二段锦、马王堆导引术、大舞等系列功法，积极引导群众开展健康文明的健身气功活动，满足广大群众日益增长的多元化健身需求。尤其是近年来，国家体育总局健身气功管理中心把健身气功与建设健康中国、体育强国和文化强国结合起来，注重与健康、文化等融合发展，加之《“健康中国2030”规划纲要》等系列国家政策的指引和新时代群众对美好生活愈加迫切地向往，学练健身气功的群众与日俱增，不仅形成了数以百万计的健身气功习练人群，精彩纷呈的健身气功活动在中国城乡开展得如火如荼，而且还传播到境外众多的国家和地区，成为世界各国民众了解中国文化和分享健康生活的重要途径。

随着学练健身气功的持续深入，广大群众对健身气功的悠久历史和文化内涵全面了解的渴望愈加强烈，对隐藏于古老典籍中的气功健身原理秘奥的兴趣愈加强烈，对千百年来健身气功增进身心健康的经验方法的学习热情愈加强烈，对运用现代科学探索健身气功的研究成果的关注愈加强烈。然而，之前编写出版的健身气功·易筋经、五禽戏、六字诀等系列功法丛书，限于种种原因，仅对编创推广的各种功法进行了简要介绍，未能就功法功理等深层次问题进行系统阐释。为满足广大健身气功习练者的迫切需要，我们经过长时间的论证和酝酿，自2014年起陆续启动了健身气功系列通用教材的编撰工作。因为，健身气功推广普及虽然千头万绪，但关键环节是功法教材。建设什么样的功法教材体系，核心教材传授什么内容、倡导什么样的价值取向和学术导向，关系到健身气功的育人与育才，关系到健身气功的发展与昌盛，关系到中华文化的传承与升华。遗憾的是，健身气功至今尚无一套全面而系统的通用教材。经过专家学者们的审慎研究，此次编撰的系列通用教材，主要包括《健身气功导论》《健身气功发展史》《健身气功·易筋经》《健身气功·五禽戏》《健身气功·六字诀》《健身气功·八段锦》《健身气功·太极养生杖》《健身气功·导引养生功十二法》《健身气功·十二段锦》《健身气功·马王堆导引术》《健身气功·大舞》等。

时代是思想之母，实践是理论之源。健身气功绵延数千年，有其独特的文化内涵；新时期编创推广的各种健身气功功法，也有十几年的实践积累。此次编撰系列通用教材，既要加强对健身气功传统文化的挖掘和阐发，也要加强对实践经验的总结和提炼，更要善于聆听时代的声音，使健身气功养生文化与当代文化相适应、与现代社会相协调，把跨越时空、超越国界、富有永恒魅力、具有当代价值的文化精神弘扬起来，进一步推动健身气功创造性转化、创新性发展，激活其生命力，为解决人类健康问题贡献健身气功智慧和方案。这次编撰工作是以科技攻关的方式展开的。《健身气功导论》委托中国科学院力学研究所陶祖莱研究员撰写，主要是从中国传统文化与现代科学相结合的视角，探讨并系统阐释气功健身的基本原理、练功要素和实践指要等内容，从总体上论述了健身气功的共同规律和内容，是贯穿健身气功各功法的生命线。《健身气功发展史》委托国家体育总局体育文化发展中心和天津体育学院联合编撰，是以中国历史发展脉络为主线，着重阐述健身气功的历史演变进程和规律，旨在正本清源，更好地认知、继承和发扬健身气功养生文化。《健身气功·易筋经》等系列功法教材，均是委托原功法编创课题组负责编撰。各功法教材依据经典，征诸实践，分别从史、理、法、效、学、练、教、问等角度讲述各功法的奥秘，既有继承，也有发扬，特别是使过去很多难以言表的、只有靠师徒传授和反复领悟的内容跃然纸上，让学者有迹可循、有法可依，对初学健身气功具有指导意义，亦能指明向更高境界进取的途径。

行百里者半九十。中国汗牛充栋的古代典籍著作，正史之中虽屡见健身气功的蛛丝马迹，但鲜有专文论述，野史、稗史虽记述广泛，然往往浅而不确；历代医家经典虽多有专题论述，却多重其法而简其理、略其论；各家宗教修持秘典，资料虽丰、记述亦详，因或隐语连篇，或语言晦涩，或借喻累牍等缘故，要想挖掘气功健身之奥义，困难亦是颇巨。21世纪现代科学发展可谓迅猛，但面对人体这个复杂的巨系统，至今尚无法用现代科学理论完全解释气功健身养生的机理。何况，古人之思想、生活之环境、知识之背景、认知之方法，与今人已有迥然之别。因此，要想编撰一套适应新时代发展要求、立足中国传统文化、体现国际学术前沿的健身气功通用教材，需要各项目组付出更为艰巨、更为艰苦的努力。“为学之实，固在践履”。各项目组承担任务后，坚持解放思想、实事求是、与时俱进、求真务实，坚持辩证唯物主义和历史唯物主义，紧密结合新的时代条件和实践要求，以全新的视野深化对健身气功规律的再认识，进行了大量的文献检索考证和广泛的调查研究，分别组织了不同类型的教材研讨会，进行了多次集中封闭撰稿和教学实验，反复斟酌、几易其稿、精雕细琢，努力锤炼精品。与此同时，我们还邀请多位学术造诣较高的权威专家组建评审组，在立项评审、中期检查和结项评审等关键环节上严格把关，在编撰过程中积极出谋划策、提供咨询和建议，从而确保高质量编撰教材。值得一提的是，陶祖莱研究员为整套教材的框架设计和内容编写提供了宝贵的智力奉献。在此，我们由衷地感谢各项目组、专家评审组付出的辛勤劳动！

这次编撰教材是健身气功深化改革的一项重要举措。为保证系列教材编撰质量，采取分批启动、分批推出的方式。在编撰过程中，我们做了以下几方面的努力。一是守中学为体，以西学为用，运用集体的智慧，增强教材的科学性、人文性、民族性、时代性、系统性和实用性。二是尊重功法原创，融入最新研究成果，在理论内涵的挖掘、技术操作的规范上下功夫，注重功法体系建设，倡导健康生活方式。三是教材各自独立成册，方便学者阅读操作，并充分考虑受众面，力求把难懂的古代语言和现代科学术语尽量用通俗易懂的言语表达出来，既方便普通群众学练健身气功使用，亦可供练功已有相当基础者提高运用。编撰教材的同仁们，有心为普及和发展健身气功事业尽绵薄之力，但这毕竟是项全新的工作，向无蓝本可循，其编撰难度之大是可以想象的，又限于我们的水平和能力，肯定会有许多不尽如人意之处，敬请各界专家、学者和读者们给予批评和指正，使之能更好地为指导民众科学练功、增进身心健康发挥作用。

目　录

第一章 健身气功·八段錦功法概述

第一节　功法源流

八段锦是我国古代的导引术，因其健身效果显著，且易行而安全，故千余年来在民间广为流传，是中华传统养生文化中的瑰宝。八段锦的形成经历了一个漫长的发展演变过程，在先唐文献中已发现八段锦部分术式的印记；唐宋之交，八段锦作为一个成形功法开始流传于世；进入两宋时期，八段锦功法发展为坐式、立式两种锻炼形式；元明以降，八段锦进入快速发展期，在诸多文献中多有记载和介绍；进入21世纪，在传统立式八段锦基础上，由国家体育总局组织专家编创推出的健身气功·八段锦，在海内外得到了广泛传播。

一、八段锦的发轫与成形（宋元以前）

八段锦到底是何时何人所创，由于文献阙如，尚无定论。但从一些传世文献和出土的汉代资料中，我们已看到八段锦部分导引术式的雏形。1973年在湖南长沙马王堆三号汉墓出土的《导引图》帛画中，至少有4幅图势与世传八段锦中的“调理脾胃须单举”“两手攀足固肾腰”“左右开弓似射雕”“背后七颠百病消”姿势相似。在魏晋至隋唐的《养性延命录》《诸病源候论》《备急千金要方》等文献中，一些导引术式的描述亦与八段锦部分动作有相合之处，如《养性延命录》中的

"两手前筑势"与"攒拳怒目增气力"、《备急千金要方》中"以手如挽五石力弓"与"左右开弓似射雕"等极为相似。

从现有文献资料来看，"八段锦"一词最早见于东晋葛洪《神仙传·栾巴传》。其文曰："士大夫学道者多矣，然所谓八段锦、六字气，特导引吐纳而已，不知气血寓于身而不可扰，贵于自然流通，世岂复知此哉？"文中仅记有"八段锦"之名，未见功法具体文字描述。之后，历经南北朝、隋唐时期，在现存文献中尚未发现八段锦的相关记载，直到五代时期，出现了关于钟吕八段锦的介绍。曾慥在《临江仙》附记中曰："钟离先生八段锦，吕公手书石壁上，因传于世。"（《正统道藏·修真十书·杂著捷径·临江仙》）曾慥生活于两宋之际，乐于道家养生之事，他当时所见八段锦为唐末钟离权所传，经其徒弟吕洞宾的镌刻传播，得以流传后世。文中称"钟离先生""吕公"，可知曾慥对二人非常敬重，又曾慥生活年代距钟吕仅一百多年，他所言钟离权八段锦之事应非妄语。此外，曾慥在《临江仙》附记中又曰："其后又有窦银青八段锦与小崔先生'临江仙'词，添'六字气'于其中。恨其词未尽，予因择诸家之善，作'临江仙'一阕。简而备，且易行，普劝遵修，同证道果。"由此可知，除钟、吕先生八段锦外，当时还有多种八段锦功法的存在。

两宋时期，已经出现立式和坐式两类八段锦。坐式八段锦，现存钟离八段锦功法的版本较多，以《正统道藏·修真十书·杂著捷径》本（1445年刊印）为最早。《修真十书》是一部集唐末至宋元期间的十部道教丹经汇编，书中所载之八段锦也不出这一时期。文中载宋代八段锦歌诀、部分释文及图解。其原文如下：

"闭目冥心坐，握固静思神。叩齿三十六，两手抱昆仑。左右鸣天鼓，二十四度闻。微摆撼天柱，赤龙搅水浑。漱津三十六，龙行虎自奔。闭气搓手热，背摩后精门。尽此一口气，想火烧脐轮。左右辘轳转，两脚放舒伸。叉手双虚托，低头攀足频。以候逆水上，再漱再吞津。如此三度毕，神水九次吞。咽下汩汩响，百脉自调匀。河车搬运讫，发火遍烧身。

邪魔不敢近，梦寐不能昏。寒暑不能入，灾病不能迍。子后午前作，造化合乾坤。循环次第转，八卦是良因。"

文中可见，钟离八段锦是坐式功法。此功法不仅综合了导引、吐纳、存思等多种养生方法，而且蕴含了以运化精、气、神为主的内丹思想。

两宋时期，立式八段锦也已见著文献。北宋蒲虔贯所著《保生要录》，系从前人保生书中选取"其术简易，乘闲可行"者编成。书中在"调肢体门"中记载有五个动作颇类似于立式八段锦，如"两臂欲左挽右挽如挽弓法"与"左右开弓"相似，"两手双拓如拓石法"与"两手托天"相似，"双拳筑空"与"攒拳怒目"相似，"头项左右顾"与"后瞧"相似，"腰胯左右转，时俯时仰"与"两手攀足"动作相似。这一时期没有八段锦或导引诀的名称，亦没从其他导引术中独立出来。南宋曾慥在《道枢·众妙篇》中列有八个导引动作，虽未列出总名，但从其内容介绍来看，已与后世立式八段锦功法较为接近。其歌诀如下：

“至游子曰：仰掌上举，以治三焦也。左肝右肺，如射雕焉。东西独托，所以安其脾胃矣。反复而顾，所以理其伤劳矣。大小朝天，所以通其五脏矣。咽津补气，左右挑其手，摆鳣之尾所以祛心之疾矣。左右手以攀其足，所以治其腰矣。”

显然上述功法介绍尚未完全歌诀化，导引术式的名称、顺序亦与后世八段锦所传有所不同，但八段锦功法之框架已初见雏形。南宋陈元靓在《事林广记·修真秘旨》中记载了与曾慥导引八式相似的功法，文中称之为《吕真人安乐法》。其歌诀曰：

“昂首仰托顺三焦；左肝右肺如射雕；
东脾单托兼西胃；五劳回顾七伤调；
鳝鱼摆尾通心气；两手搬脚定于腰；
大小朝天安五脏；漱津咽纳指双挑。”

无论是从文字歌诀化记载，还是功法具体内容来看，此时期的《吕真人安乐法》已比曾慥记载的八式导引法更加趋于完善。

南宋藏书家晁公武（1105—1180）在《郡斋读书志》中记载：“八段锦一卷，不提撰人，吐故纳新之诀也。”《朱子语类》曰：“更编道书八十卷。又别有一书，甚少，名《八段锦》。”朱熹讲的是活动于两宋之交曾慥的事，他说曾慥除了编有八十卷道书外，还编有《八段锦》一书，这本书篇幅很短，或仅为几段练功歌诀而已。由此可知，八段锦在两宋之交已编撰成书并流传于世，但到底是如朱熹所言为曾慥所编，还是别有他人所撰，尚有待进一步考证研究。

发展至宋代的八段锦，由于歌诀易记，动作简单，效果较好，在士人、道士们中广为传播。南宋文学家洪迈（1123—1202）在《夷坚志·八段锦》中写到："政和七年，李似矩为起居郎……尝以夜半时起坐，嘘吸按摩，行所谓八段锦者。"（"政和"，宋徽宗赵佶年号）此篇记载的是北宋末年李似矩习练八段锦的情况，从文中"嘘吸按摩"的介绍看，他所练的八段锦应是呼吸吐纳与按摩导引相结合的功法。南宋王明清在《挥麈录》中记载："陆务观《清尊录》言：'老内侍见林灵素于蜀道。'季次、仲季自云：尝过姚平仲于庐山，受其八段锦之术。"陆游所言林灵素，季次、仲季所言姚平仲等人皆是北宋末年的道士。朱熹曰："愚四十年前注《参同契》时，见吕四行八段锦，诧其老健，每窃笑之。逮今思之，《参同契》之学实屠龙术，不如吕四行之宰猪术也！"朱熹亲见吕四平践行八段锦，且感叹八段锦确有益寿而健体的效果。

《灵剑子引导子午记》署名东晋许逊所撰，但学界大多认为此书实际是出自宋元之交的明净道。书中的"导引诀"记载了八段锦功法：

"并闭息。为之息满，急则微微吐放。

仰托一度理三焦。双手极力向上，如擎天状托之，左右各三次。

左肝右肺如射雕。先左引，次右引，极力为之如前。

东肝单托西通肾。右手握固，柱右肾堂，左手极力托之。左手握固，柱左肾堂，右手极力托之。左右各三次。

五劳回顾七伤调。右手抱左肘则左顾，左手抱右手则右顾，皆极力三作。

游鱼摆尾通心脏。双展两臂摆之，数多为妙。

手攀双足理于腰。正坐舒展双足，以双手取足心，极力三攀之。

次鸣天鼓三十六，两手掩耳后头敲。双手紧掩两耳，叩齿三十六下，以第二指敲耳后骨。”

这段文字不仅以歌诀形式叙述了八段锦导引动作，而且在每句歌诀之下都配有相应释文。此“导引诀”中的“并闭息”“鸣天鼓”两个动作不见于《道枢·众妙篇》，其余六个导引术式与《道枢·众妙篇》中记载的动作基本相似。值得注意的是，书中释文既对各导引术式的做法进行了介绍，也对每一术式的习练次数有了约定，可见此时期八段锦功法渐趋向程式化、规范化发展。

二、八段锦的发展与流变（明清至近代）

入明以后，八段锦功法的发展进入了一个新的高潮。其特点是功法内容渐趋稳定成熟，无论是坐式八段锦还是立式八段锦在民间都得到广泛传播。

钟离八段锦作为坐式八段锦的代表，在明清时期几乎成为养生家们的至爱，被各种出版的养生著作广泛收集其中。从现有文献资料来看，此时期坐式八段锦的功法歌诀和内容基本没有变化，但功法名称多有不同。例如，朱权所撰《活人心书》称其为“八段锦导引法”、胡文焕在《类修要诀》中题名为“钟离祖师八段锦导引法”、高濂《遵生八笺》中记载为“八段锦导引法图”、铁峰居士《保生心鉴》中称之为“导引八图”“活人八法”等。此外，《夷门广牍》《修龄要旨》《摄生总要》《三才图会》《古今医统》《万寿仙书》《陶朱公致富全书》等诸多养生著作中，也均辑录有坐式八段锦功法。此时期在坐式八段锦功法的基础上，通过养生家们的习练总结，又演变出诸如“十二段锦”“十六段锦”等功法。

立式八段锦以其朗朗上口的歌诀、简单易行的动作和明显强身治病的效果，在民间一直广为流传，并在晚清得以盛行。梁世昌在清光绪初刊出的《易筋经外经图说》附录有无名氏编订的“八段锦图”，每图配有说明，内容依次如下：

“两手托天理三焦；左右开弓似射雕；调理脾胃须单举；五劳七伤往后瞧；摇头摆尾去心火；背后七颠百病消；攥拳怒目增气力；两手攀足固肾腰。”

这个版本不仅首次将古称“引导诀”的术式正式冠以“八段锦”之名，而且将之前多有变化的功法名称、内容等以歌诀形式固定下来，并对每一歌诀所述导引术式的习练方法、效果等进行了概要阐述，可谓是后世立式八段锦功法的范本，影响深远。上述八段锦歌诀，又见于1890年出版的《幼学操身》和1898年出版的《新出保身图说》。1903年，上海绛雪出版的由无名氏编撰的《八段锦坐像立像》中，其立像八段锦动作亦基本依据梁世昌所刊载的内容。

立式八段锦在流传过程中逐渐出现了一些不同流派。例如，1876年，山阴娄寿芝辑有《八段锦坐立功图诀》，其所述立式八段锦歌诀为：

“手把碧天擎，雕弓左右鸣；鼎凭单臂举，剑向半肩横；擒纵如猿捷，威严似虎狞；更同飞燕急，立马告功成。”

另外，还有《易筋经外经图说·外壮练力奇验图》（清·佚名）、《八段锦体操图（12）式》等，这类八段锦均出于释门和习武之人，将其作为养身方法和武术基本功来练习。综合诸多文献资料来看，立式八段锦主要可分为南北两派。行功时动作柔和、多采用站式动作的，被称为南派，伪托梁世昌所传。民间流传的大多数以养生保健为目的的立式八段锦，可以归为南派。动作多马步、以刚为主的，被称为北派，附会为岳飞所传。如娄寿芝所述立式八段锦歌诀中“天擎”“猿捷”“虎狞”“燕急”等词的运用，让人颇感行功过程中具有杀伐之气和宏大的气势，可以划归为北派。从文献和动作上考察，不论南派还是北派八段锦，均是同出一源，其中附会的传人等缺乏史料佐证。

三、健身气功·八段锦的编创与传播（新中国以后）

新中国的建立，使古老的气功同传统的祖国医学一样获得了新生。新中国成立后不到10年的时间，全国范围内就相继建立起数十个气功医疗单位，传延千年的八段锦功法也得到了较快发展。20世纪50年代中后期，人民体育出版社先后出版了卓大宏、马凤阁、唐豪等人编著的八段锦，共计整理出4套八段锦功法，其中3套为立式八段锦、1套为坐式八段锦。虽然上述4套八段锦在功法动作或歌诀表述方面有所差异，但基本是以梁世昌所刊内容为蓝本。随后，人民体育出版社又组织编写小组对传统八段锦进行了挖掘和整理，使八段锦在群众中的影响日益扩大。

20世纪70年代末至80年代初，立式八段锦作为民族传统体育项目开始进入中医、体育院校课程，促进了八段锦功法技术、理论的发展。值得注意的是，这一时期社会上还流传有形式多样的八段锦功法，这些功法大多是在传统功法基础上的变形，少数则是打着传统八段锦的名头，实际是由今人自行编创的健身功法。在20世纪八九十年代，群众性气功锻炼空前活跃，这时社会上传统功法大量涌现，新编功法层出不穷。但随着一些人开始假借气功之名宣扬迷信、蛊惑群众、骗取钱财，甚至危害到社会政治的稳定，使气功这一中华民族的文化瑰宝遭到了严重破坏，八段锦亦同样受到了冲击。

2001年年底，为进一步继承弘扬中国优秀传统文化，更好地满足广大群众强身健体的多元化需要，国家体育总局健身气功管理中心在广泛调研的基础上，决定从挖掘整理民族优秀传统养生健身功法入手，组织专家编创健身气功新功法。编创的健身气功新功法严格按照科研课题管理的方式进行，面向全国20所具有气功教学和科研实力的高等院校、科研院所公开招标，并于2002年2月在北京举办了编创健身气功新功法科研课题竞标会。经过激烈角逐和严格评审，北京体育大学承担了“编创健身气功·八段锦”科研课题的研究任务。课题组在检索大量文献资料和挖掘整理64个立式八段锦版本的基础上，初步编创形成了健身气功·八段锦的功法雏形。为集思广益、博采众长，课题组在北京体育大学多次召开传统八段锦交流观摩研讨会，与来自不同流派的代表、专家进行了交流研讨。随后，课题组又经过多次反复推敲、认真修改，终于确定了健身气功·八段锦功法。为进一步检验健身气功·八段锦的效果，课题组在黑龙江省哈尔滨市9个健身气功站点开展教学实验，对200名年龄为45～70岁的中老年群众进行了为期

75天的功效测试，从生理、心理、生化指标等角度充分论证了健身气功·八段锦所具有的良好效果。

健身气功·八段锦以《新出保身图说·八段锦》为蓝本进行编创，在继承原有功法歌诀、保留八个定势动作不变的基础上，按照传统气功学、中医学和人体生理学、运动学等规律，调整了“背后七颠百病消”“两手攀足固肾腰”两势的习练顺序，增加了预备式、收式和各定势之间的衔接动作，强调意、气、形三者的综合锻炼，极大地丰富了其功法功理内涵，使功法更具科学性、民族性、规范性和观赏性。2003年，健身气功·八段锦一经推出，就受到了国内外气功爱好者的普遍喜爱和欢迎，随着近些年丰富多彩的健身气功推广活动，截至2016年年底，国内习练者的总人数超过436万人，传播到全国31个省市自治区乃至56个国家和地区，境外习练者的总人数超过200万人，为世界民众共享中华养生文化，追求健康、幸福和快乐的生活做出了积极贡献。此外，健身气功·八段锦的编创与推广，同样引起了众多专家学者的持续关注，并从文化内涵、健身效果、功法教学等方面展开了多角度研究，让这一功法无论是理论还是技术均更加臻于成熟，可谓翻开了八段锦传承历史、发展创新的崭新一页。

第二节　功法特点

健身气功·八段锦以肢体动作为引，由外而内，疏通经络，调和气血，充盈脏腑，强壮筋骨，使其功能协同强化，以臻诚中形外，形正且整，气足神完，以达强身祛病之功效。其特点有四：

一、形与神合，气蕴其中

中国传统文化认为，人的生命是形、气、神的三位一体。《淮南子·原道训》说："形者，生之舍也；气者，生之充也；神者，生之制也。"也就是说，人的形体是生命的依托和基础；气是充实生命的源泉，联系形、神两者的纽带；而神则是生命最重要的主宰。形、气、神三者在生命运动中既各司其职，又相辅相成、相互制约，成为一个几近完美的生命系统，倘若其中任何一个失去作用，则三者都将受到损伤。因此，要想维持生命的健康和长久，必须正确地处理好形、气、神三者的关系，做到"将养其神、和弱其气、平移其形，而与道浮沉俯仰。恬然，则纵之；迫则用之"。健身气功·八段锦始于站桩（由无极而太极而两仪），通过收视返听、精神内守，而率先"将养其神"，强化"神"对生命的主宰功能和作用；进而以意念引动形体，全神贯注于形体运动之中，做到意动形随、形动气随，动作虚实相生、松紧结合、动静相兼。渐能达于有意无意之间形动而不逾规，直至神意活泼自然地引体令柔，体现出内实精神、外示安逸，内外合一、形神共养的传统养生思想。

气蕴其中，是人体生命活动的必然。《青华秘旨》曰："人之一气在身，由念而动。"因此，行功中习练者意念集中，即可充分发挥神、意对气的统帅作用，起到导引气机的作用；加之主动地导引形体，亦是能牵动全身气机规律性的变化，故练功时气则始终充蕴于神形之中，长久行功自然可达导气令和之境。至此，神、气、形各安其位，相守相成，浑然一体，则祛病健身、延年益寿、高质量地尽其天年，乃是健身气功·八段锦锻炼的必然结果。

需要指出的是，形、气、神三者之中的“气”，绝非单指呼吸之气。“气”的含义很广，古人们通常把“气”看成是生命活动中最重要、最基本的东西，是推动人类生命活动中最根本的物质和动力。鉴于导引呼吸确能有效促进人体气机的升降开合和强化真气的生发，故健身气功·八段锦亦十分注重呼吸的运用。功法中有逆腹式呼吸、提肛呼吸等多种呼吸方法，主要目的是通过对呼吸方式的主动干预来刺激机体产生积极的健身效应。但需注意的是，功法锻炼无论运用何种呼吸方式，都应做到顺其自然，绝不可强吸硬呼，要随着动作的熟练和练功的深入，逐渐形成细、匀、深、长的腹式呼吸，继而进入不调而自调的状态。

二、质朴端庄，行易效宏

健身气功·八段锦是由八个定式动作按照一定次序编排而构成。功法中的八个定式动作大多来源于日常生活，以淳朴实用为原则，不追求高难度或花哨的动作，绝无牵强造作之处。且这些动作又经规范化、程式化、艺术化的改造提炼而高于生活，成为“朴实而天下莫能与之争美”“既雕既琢，复归于朴”这一质朴美学思想的最好诠释。端庄是指功法演练注重端平正直、庄严大方。端庄绝不是简单的修饰仪容就能做到的，必须从功法一招一式上练起，待到正气充沛、神气充足时自然能显露于外，这与孟子提出的“充实之谓美”是相通的。本功法可谓是尊古而出新，在继承传统八段锦之精髓基础上，渗透着传统气功意气、神韵之内涵，并赋予了鲜明的时代精神和端雅的审美情趣，既于朴实无华中显露出苍茫古意，于行云流水中尽显时代气息，也因功法演练注重身形中正、心境平和、移步换桩、重心平稳、上虚下实、动作协调、形正且整，使举手投足间更显现出儒雅端庄、浑厚大气、肃穆宁静、神韵饱满、气宇融合的身心境界，给人一种质朴而显古意、端庄而不失灵活的中和之美。

本功法的动作数量较少，动作路线不复杂，习练要领易于掌握，不仅易学、易练，而且可分、可合（即根据需要选择学练整套功法或某些单式动作）。功法的运动强度和动作难度，亦可根据学练者的年龄、性别、体质等进行调节。同时，在锻炼时间要求上比较宽松，既可以利用早、晚等时间专门学练功法，也可以利用工作间隙或茶余饭后、等公交车等零散时间进行生活化练功。每次功法学练时间安排可长可短，一年四季均可依学练者的体力、兴致、忙闲等具体情况而定。学练方式比较灵活，既可以集体学练，也可以单独学练；既可以静悄悄地练，也可以跟着伴奏音乐练。此外，本功法对场地的要求不高，俗称“拳打卧牛之地”，在公园、广场、健身俱乐部或家里等地方都可进行习练。需要指出的是，本功法虽然动作易学、易练，但若想取得良好的健身效果，既需要用心练好每一次，也需要循序渐进、持之以恒地进行锻炼。

人的健康水平如何，是否会发生疾病，主要取决于人体机能的状况。从某种角度讲，本功法就是一项旨在改善人体机能的健身养生运动，这不仅在广泛的群众实践和严谨的科学测试中得到验证，而且从其朗朗上口的功法口诀中也能得窥一斑。从历史上传承下来的八句功法口诀，既点明了每式动作的行功窍要，也彰显出其独特的功理功效。首式以头颈四肢引动，统理全身（三焦）。次式调和龙虎（左肝右肺）以安魂魄（肝主魂，属阴；肺主魄，属阳）而宁神定志。三式牵张两胁，上举下按，左右协理以调中宫（脾胃，人生命后天之本，古人云“一分胃气，一分生机”）。四式头颈左右旋转各尽其极致而肩不动，且目注斜后方，同时由旋腕至肘臂而到肩背外展内旋亦各尽极致，收肩胛挤压脊背以刺激脏腑腧穴，前扩张胸胁七次以励脏腑募穴，手足阴阳六经张弛协同，且引动带脉，牵张冲任，致任督二脉左右开阖，经络畅通，脏腑充盈，协同强化而使人体整体功能状态跃升，以祛药石难以奏效之病（五劳七伤、病入膏肓）。五式马步蹲裆，以尾闾为主，带动百会，摇头摆尾，使整个脊柱及其底座（腰、胯和骨盆）左右弯曲且拧转椎体、鼓荡气血，以降心火而升肾水，济水火、交心肾而强本祛病。六式以命门、神阙为基点，上自百会，下至尾闾，整个脊柱俯仰弯曲；下俯过程中，上自后顶、玉枕借重力沿脊间节节拉伸；下起尾闾，以意念牵引骶骨向下伸展，命门隆起成拱顶；仰起时，塌腰，展脊上引，以畅冲任，同时开阖任督，以固人生命先天之本（肾腰）。七式左右拧转整个脊柱系统，同时，双手握固，怒目攒拳，前拳后肘，左右出击，旋腕抓握，以增气力，借此增强腰乃至整个脊柱拧转之功，自腰髋而膝而踝，直达涌泉乃至脚趾，可疏肝强肾健腰腿，预防、缓解股骨头、骨质疏松坏死、髌骨软化等老年退行性病变。八式提踵颠足，由踝、膝、髋至整个颅脑脊柱系统一起上下颠振七度而以自重足跟落地，可改善关节肌肉的生理功能，激发任督二脉，协调脏腑，具有颐养先天、调补后天的作用。本功法的八式动作各有侧重，气血在经脉中的运动以及在身体各部的流注也因之而异，故单练之可调节改善身体局部的功能，合练之则能运动周身，平调全身气血，使人的整体生命功能状态得到优化提升。

三、松紧结合，动静相兼

松，是指中枢神经系统、肌肉、关节以及内脏器官的放松；紧，是指适当用力，抻拉筋骨，且缓慢进行。松，须贯穿于健身气功·八段锦练习的始终；紧，主要体现在每一式主体动作定势时的一瞬间。松紧结合是传统中医学、阴阳学说在功法中的体现。

松，首先是精神的放松，主要是解除情绪上的紧张烦躁，使心理处于平和状态，降低机体的兴奋程度，减少内外环境对大脑的干扰，意念轻松舒适无紧张之感，有利于诱导大脑入静。肌肉、关节、内脏的放松，是指主动肌用力时，对抗肌不是一味地退让，而是保持相应的张弛度，协同肌则是尽量放松；内脏器官不是提心吊胆、牵肠挂肚，而是让胸腹保持空松，使人体肌肉、组织、器官处于最佳应力分布状态。

在健身气功·八段锦的学练中应该是“先求紧，后求松”，也就是“先方后圆”，先把筋骨抻开，把架子摆正。通过一段时间的习练逐渐换去身上的拙力，再求柔和连贯，方显健身气功·八段锦的特点。此处所说的紧，主要体现在“两手托天理三焦”的上托，“左右开弓似射雕”的马步开弓，“调理脾胃须单举”的上举，“五劳七伤往后瞧”的旋臂后瞧，“两手攀足固肾腰”的俯身后闭气塌腰成反背弓，“攒拳怒目增气力”的冲拳与旋腕，“背后七颠百病消”的脚趾抓地、提肛、收腹、竖脊、立项、头顶悬的定势动作。从外观上动作看似停顿，但肌肉、关节继续用力保持抻拉，使身体产生适度的紧张感，之后再徐徐放松接做下一动作。功法练习中，松紧配合适度可以激发和启动内气的运行，有利于平衡身体的阴阳、疏通经络、分解黏滞、滑利关节、活血化瘀、强壮筋骨、调理脏腑、增强体质。

动与静，动是绝对的，静是相对的。动为阳、静为阴，动静相生转化是宇宙间一切事物不断运动变化发展的规律。在健身气功锻炼中讲动静相兼，一般是指动功与静功应兼修，不可偏废。另指不论动功还是静功“静未尝不动，动未尝不静”，故有“内动与外动”之分，亦有“内静与外静”之别。不论何种形式的功法，在练习方法上都是动和静的有机结合及合理搭配。

本功法中的动静相兼除以上所谈，在这里主要是指肢体动作的外在表现。动，是指在意念的引导下动作轻灵活泼、节节贯穿、舒适自然；静，是指在动作的节分处须沉稳，特别是在动作的缓慢用力之处，即每式主体动作的定势，配合停闭呼吸，在外观上看有1～2秒的停顿，但内劲没有断，肌肉继续用力，保持牵引抻拉，体现了健身气功·八段锦起于桩、行于桩的主要功法特征。适度地用力和延长作用时间能使相应的部位受到一定强度的刺激，加大对关节、肌肉、神经、体液的刺激强度，打通主隔断，有助于提高锻炼效果。

四、舒展柔和，圆活连贯

舒展，意谓心舒身展。按中国传统养生文化，心境平和有利于体内的气机升降。道家所谓“养性全真”，讲的就是练功要保持心理平衡，无忧无虑，排除杂念，与物无忤的一种境界。故《黄帝内经》同样把维持神（意）、气的稳态作为保健养生的先决条件，强调“恬淡虚无，真气从之；精神内守，病安从来”的养生观点。身展则人体气机开阖充分，能促使皮、肉、筋、骨、脉、内脏等放松，可提升学练者体内外信息、质能交换（即“出入”）的效率。这里，代谢产物的排出，是以营养物质摄入为前提的。柔和，是指要求身体任何部位都不僵直、不绷劲、不用猛力，动作轻灵而不浮泛，浑厚而不重浊迟滞。注意柔和不是绵软无力，而是动作绵软但富有韧性和弹性，是练功敛气入内而不发于外的表现，即所谓“柔若无骨”“柔似婴儿”的状态。

圆活，是指动作路线带有弧形，不起棱角，不直来直去。圆活不仅要求每个动作的运行路线要圆，而且肢体转动的角度也要圆。如动作路线是直的或动作的棱角比较明显，则要求动作要直中求曲、外方内圆，此即要求人体里面的气机要圆活、活泼，正如古语所云的“圆空法生”。否则，气血易于僵滞，筋脉不够通利，难以取得练功之成效。连贯，是指要求动作的虚实变化和姿势的转换衔接无停顿断续之处。连贯不仅要求每个动作要均匀地展开，不能忽快忽慢，而且要求动作与动作之间也不能分割、停顿、间断，要有机地连在一起，做到既如行云流水连绵不断，又如春蚕吐丝相连无间。

舒展柔和、圆活连贯是习练健身气功·八段锦的基调，其中蕴含着虚实、刚柔、动静，乃至升降开阖等气机变化之理。要做到舒展柔和、圆活连贯，关键是在精神情绪上要保持中和之性，且行功时要做到脚下要实，重心要稳，时刻保持身体平衡；以腰为轴，上下相随；知晓节点，节节贯穿，无缝衔接。能如此，长久练功则必神清气爽、体态轻盈，从而达到畅通经络、调和气血、强化脏腑、健康身心之效果。

第三节　功理要旨

八段锦是古人根据人的形体特征，内秉人之精神特质，按“诚中形外”之理而创立的一种导引养生方法，经千余年千万人实践之凝炼和代代传承历史的积淀而流传至今。

健身气功·八段锦是以当今大众的健康需求为导向，以安全有效、简捷易行为准则，在古八段锦基础上编创而成。十余年来的推广实践证明，它确有祛病强身之效果，现将其功理要旨综述于下。

一、脊椎为枢，燮理阴阳，以致中和

人类学的研究告诉我们，在从南方古猿到人的进化过程中，直立行走为人脑（主要是额叶）的形成创造了条件；也是因为直立，四肢才分化为上肢和下肢；而“爪”亦突变演化为能制造、使用工具的手和便于直立行走的足。人之所以能够直立，是因为有一根竖直的脊椎，故脊椎为枢，是健身气功·八段锦功理要旨之首。

脊椎由椎骨、椎间盘节节相连，借前、后纵韧带连接而成。椎骨上有椎板、附件，它们之间形成一些小关节，借筋膜与相关肌群连接，可随意念做多自由度小幅运动。脊椎内充骨髓，上与延髓、脑干等相连而形成中枢神经系统。脊椎两侧分布着许多神经根，它们和肢体运动、内脏运动等密切相关。有研究资料显示，人类80%以上的疾病与脊椎有关，因此脊椎对人体的健康至关重要。许多因脊椎局部失衡、错位、损

伤引起的疾病，除事故和运动损伤外，大都与日常生活、工作中坐、立、行、卧姿态不正，椎骨相关肌群张力失调，使椎骨和相关组织内应力分布偏离正常生理状态有关。按应力生长关系，异常的应力分布必然导致相关组织的病理重塑，日积月累造成病变或加速退行性病变。

修习健身气功·八段锦，神与形合、气随意行、气到力生，改善脊椎组织内的应力分布，使之符合脊椎生理功能优化的需要，从而改变、缓解、消除导致脊椎功能退变、结构病理性重塑的肌肉记忆，逐步形成促进脊椎功能、结构生理性重建的肌肉记忆，并在日常生活中保持脊椎的生理弯曲，以达正脊健身之目的。

燮理阴阳，指整套功法八式动作是按人体形态结构设计的，每式均蕴含调和阴阳之理，故可以致中和而健身心。首式“双手托天理三焦”，意想双足扎根于地，两手上接于天，以天地为都契，抻拉全身，而腰（命门）、脐（神阙）、带脉居中，从而双向拉抻脊柱，以利于改善、优化椎体和椎间盘的应力分布，缓解老化退变，促进生理性重建，进而锁膝、沉胯、塌腰翘尾，命门阖、神阙开，同时展胸、仰面观天，随之竖项收下颌、百会上领、两手托天、脊椎节节拔伸、抻拉胸胁，与此同时肩胛内收，挤压身柱、夹脊、灵台、膏肓等穴。在上述过程中，脊椎小幅摄动中位线符合生理弯曲，这集中体现了燮理阴阳以致中和的内涵。次式“左右开弓似射雕”，展肩扩胸、生发疏泄肝气、宣发肃降肺气，平衡调节心肺气机。三式“调理脾胃须单举”，一手斜上举，同时另一手自髂尖斜下方下按，一左一右，作用带交汇于中脘以调脾胃，阴阳之调和体现于四隅的交叉上举和下按之中。四式“五劳七伤往后瞧”，上领百会、引动头颈，绕人体纵轴转动，下至涌泉接地气，经踝、膝、胯，提肛竖脊，持续1～2秒，然后顺势放松平缓回复中位，整个过程极尽燮理阴阳以致中和之意韵。五式“摇头摆尾去心火”，转动整个脊椎，并通过首尾两头牵拉摇摆，疏经泄热，以去心火。与之相应，六式“两手攀足固肾腰”整个脊椎俯仰弯曲，下俯至两手攀足时，命门隆起成拱顶，张翕开阖；仰起时塌腰展脊上行，命门神阙开阖吞吐，通畅任督，以固生命之本。五六两式接续，心肾相交、水火既济、调和阴阳，以达固肾壮腰。七式“攒拳怒目增气力”，承六式，按五行相生之理，肾水旺而生木，但木性条达忌郁积，故瞋目以情志导之（肝开窍于目，微瞋使发而中节）以致和；同时以形体之动（攒拳需赖筋力，而肝主筋）而舒之，但意气到而力不发，故曰“增气力”。两拳护于腰际以固肾腰，返护其母。八式“背后七颠百病消”，提踵颠足，由踝、膝、髋至整个颅脑脊柱系统，以自重落地震动七次，整合身心，正形以安心养神。应该指出，健身气功·八段锦八个动作的序贯排列是千余年古人练功实践经验之总结。式一、式八整起整收，善始慎终。式二、式三促进胸中大气（心肺呼吸之气）与脾胃水谷之气，并而宗气强，按五行之理火（丙火，心包）生土（戊土，胃），土生金（肺）有利于人之生命运动。式四之效除了祛五劳七伤外，还有虚其心、实其腹之功。式五、式六使心肾相交，至水火既济之境。而式七畅肝固肾，从而强生命之本。此序列是千余年古人实践真知之凝炼。

二、提纲挈领，牵张筋膜，畅通经络

这里，腰胯为纲，颅顶为领。腰胯是一个整体，胯沉、稳、平、正，为静、属阴；而腰圆活、灵动，为用、属阳。人身之劲皆发于腰。另一方面，命门、神阙在人生命中的重要作用，自《难经》面世以来，为古所公认，而丹道所重之下丹田，当在《难经》所言之“脐下”。在此，“下”当作“内”解，即下丹田应在命门、神阙之间，带脉所围绕的腹部空间之中。从这个意义上来讲，古人所谓“命系腰间”之说是很有道理的。而“挈领”体现于虚顶（后顶上领）、竖项、沉肩、虚腋之中。前述八式之要旨均体现了这一点。

如导论所言，“引体令柔”的过程实际上是大小关节相关肌群拮抗作用和谐的体现，这些相反的力的作用必然牵张相关的筋膜，从而提高组织间质液的输运效率，有利于细胞生长微环境稳态的维系和微稳态的优化。以式四“五劳七伤往后瞧”为例，头颈转动时必然带动双肩，腰脊转动时也必然引起胯关节的相对运动。但功法要求肩不动、胯平正，这就必须用意念在肩关节、胯关节上加一个大小相等、方向相反的附加力矩。这必然使相关筋膜所受的牵张力最大化，由此引起的组织间质液输运效率最大化，使细胞生长微环境稳态优化，进而使细胞内稳态优化，从而基因表达、调控环境有序化，降低失误率，从根本上有利于人身心整体稳态的维系和优化。这是从生命科学基本原理出发对“五劳七伤往后瞧”祛病健身之效的理解，也说明了健身气功·八段锦和畅经脉的道理。《黄帝内经·灵枢》有言：“夫经脉者，人之所以生，病之所以成；人之所以治，病之所以生。”显然，和畅经络是“治未病”促进维系健康的最佳途径，而在生活中坚持健身气功·八段锦锻炼是促进自身健康的最佳选择（成本—效果比最高）。

三、立地通天，统理三焦，协同脏腑

练功本来就立身于地、气贯于天，这里所说是另外一层意思，即通过持之以恒的健身气功·八段锦锻炼，从天地自然万物汲取正能量，拓展精神新境界。悟天行之健，立自强不息之志；感地载德之厚，广容物容人容事之量。以期在不如意者常八九的人生逆旅中，做到“物至则应，过而舍之；事来则应，过而舍之”，无悔过往，无求将来，真正活在当下。此即涵养道德、陶冶心性之真谛。若有此悟，不仅练功事半功倍，生活亦情趣日增，而浑不知老之将至、已至。

除一气贯天地外，以意念统摄三焦强化协同脏腑之功能，乃健身气功·八段锦一大特色。关于三焦，中国传统医学界说法甚多，最常见的一种理解是身躯内部的三大空腔，即上焦由颅腔、口腔、咽喉等组成；胸腔为中焦，腹腔为下焦，二者以横膈膜为界，随意念控制膈肌和肋间肌协同运动可调整呼吸。三焦空腔里充满与生俱来的元气。形体运动和与之协同的呼吸运动，对悬于其中的内脏器官起按摩作用，使气血充盈，促进其功能发挥。按人体整体观，五脏六腑为人体生命运动的核心，五脏为本，六腑为用。故《黄帝内经·灵枢》有言曰：“五脏者身之强也。得强则生，失强则死。”知此，则习练健身气功·八段锦并持之以恒者，健康自我身心之理明矣。

第四节　健身效果

自健身气功·八段锦编创推广以来，数以百万计的群众实践充分验证了该功法所具有的良好健身功效。尽管目前现代科学还无法完全阐释健身气功·八段锦的健身养生机理，尽管众多科研工作者围绕健身气功·八段锦锻炼效果展开的多学科、多层次的科学研究还有待深入系统，但已为我们全面认识此功法的健身效果打开了一扇科学之门。大量研究表明，健身气功·八段锦的健身效果不是单一的，而是对习练者身心健康的整体促进。

一、增进体质健康

体质是评价健康的一个综合指标，是人体在先天遗传性和后天获得性基础之上表现出来的身体素质、形态结构、运动能力、生理机能等方面相对稳定的综合特征，其范畴涵盖体格与体能、生理机能、适应能力以及精神状态等的发展水平。体质越好，说明人越健康，适应环境的能力也就越强。体质测试常用身体形态、机能、素质和运动能力来测量评价。国内外大量研究表明，合理有效的健身运动可以改善各类体质参数指标。注重意、气、形三位一体综合锻炼的健身气功·八段锦，与其他体育健身项目一样，能够有效地增进习练者的体质。

反应时是衡量人体灵敏性的重要指标，简单反应时可用来单独反映神经系统反应能力，而复杂反应时是体现神经系统反应能力和肌肉运动相结合的指标。3～6个月健身气功·八段锦锻炼后，习练者的简单反应时和复杂反应时均出现一定幅度的下降，最大下降幅度达到9.4%，且有些组别出现显著性差异，说明健身气功·八段锦可有效提高习练者的神经反应能力和神经肌肉之间的协调性。坐位体前屈是测量在静止状态下人体躯干、腰、髋等关节可能达到的活动幅度，主要反映这些部位的关节、韧带和肌肉的伸展性、弹性及身体柔韧素质的发展水平。闭眼单腿站立时间主要是测试人体的平衡能力。实验显示，中短期的健身气功·八段锦锻炼，习练者的坐位体前屈和平衡能力能有大幅提升。此外，坚持健身气功·八段锦锻炼，对习练者的握力、下肢力量、协调能力、心率、肺活量、血压、体重等指标有积极改善。

体型指人体的外在形状。完美匀称的体型不仅可以增强自信，还可以给他人以美的享受，更有利于机体保持健康。超重与肥胖者的心脏负担较重，更容易患上动脉硬化、高血压、心脏病、糖尿病，而这些疾病将严重损害健康，影响生活质量，有时还会带来致命的伤害。肥胖的危害不仅与体脂含量有关，还与脂肪的分布部位有关。腹部脂肪过度累积与一系列脂代谢和胰岛素代谢紊乱，高血脂、高血压和高血尿酸等关系尤为密切。测试结果显示，坚持健身气功·八段锦锻炼，习练者的胸围、腰围、臀围、体重指数、体脂百分比都显著减小。体质指数（BMI）=体重（kg）÷身高^2（m）,是医学上描述人体体型的常用指标，正常人为18.5～23.9，数值越大表示越胖，小于18.5为营养不良，超过24为超重，超过28为肥胖。坚持习练健身气功·八段锦者的体重指数显著下降，而同步检测体重指标并未发生明显变化，说明健身气功·八段锦锻炼可以瘦身。其原因主要是习练者的体内脂肪含量减少，这在体脂百分比检测中得到证实，同时肌肉含量有所增加，所以习练者的体型比之前变得优美。这种脂肪与肌肉的转换，以及体内脂肪重新分布对中老年人的健康是极为有利的，不仅增加了力量、减少了心肺负担和患心血管疾病的危险，而且对预防动脉硬化、心脑血管意外、糖尿病、代谢综合征等疾病也有积极作用。

二、强化脏腑功能

心肺功能是人体心脏泵血及肺部吸入氧气的能力，而两者的能力又直接影响全身器官及肌肉的活动，是人体最为重要的脏腑功能之一。良好的心功能是维持血液循环的必要条件，而正常的血液循环又是所有组织器官获得营养物质的必要条件。如果心功能衰退，各组织器官都会因营养不足而功能衰竭。值得注意的是，良好的心功能不仅依赖于心脏有力的泵血，还依赖于血管通畅和正常的压力调节功能。动脉血管的硬化、心跳频率的增加都会导致血压，特别是舒张压的升高，进而增加心脏负担。反过来，随着血压升高，逐渐出现动脉管壁增厚，从而加重动脉硬化，导致心脑血管疾病的患病率和病死率升高。肺是我们进行气体交换的场所，良好的肺功能为我们提供充足的氧气。如果肺功能出现异常，我们的各组织器官都会立刻受到缺氧的威胁。

实验结果显示，坚持健身气功·八段锦锻炼，习练者的收缩压、舒张压、脉压差、平均动脉压、心率显著降低，台阶指数、肺活量、肺功能显著增大，6分钟步行距离显著加长，心功能显著增强，血黏度显著降低，红细胞压积、红细胞刚性指数、红细胞聚集指数显著降低，血红蛋白、红细胞数、平均红细胞体积、平均红细胞血红蛋白含量、平均红细胞血红蛋白浓度显著提高，心率变异高频信号显著增强，低频与高频比值显著降低。由此可见，习练健身气功·八段锦可有效改善心脏功能，特别是能够通过增加心脏泵血的力量和每搏输出量，促使心脏缓慢跳动（心律降低），从而在维持血液循环稳定的情况下，使心脏得到更多的休息时间。此论述也从左心室射血前期与射血期时间之比的增加得到了印证。心率变异性高频信号增强（HF%）和低频高频比值（LF/HF）的降低，说明促进心脏休息的迷走神经兴奋性增强，进一步揭示了心脏得到更多休息的生理原因。心脏每次搏出的血液增加，会导致血压、脉压的增加，这对血管和重要脏器是不利的，但是坚持习练健身气功·八段锦后血管的弹性增加，调节能力提升，加上血脂降低等血管保护作用，可以说是充分补偿了血压、脉压的变化。另外，血液黏稠度的降低，使得血液流动性更好，阻力变小，也有利于血压的下降。同时，由于心脏功能增强，应对剧烈运动的能力增强，这可从台阶实验指数降低中得到验证。上述指标的良性变化，对防治动脉硬化、高血压、心脑血管疾病等都有积极作用。

从肺功能提升角度来看，吸入的空气越多，肺的通气量就越大，所以坚持习练健身气功·八段锦后，肺活量的显著提高，说明了健身气功·八段锦习练者的肺呼吸功能得到了加强。肺功能提升，在6分钟步行实验中得到证实。6分钟步行试验，通过对运动耐力的检测，反映受试者的心肺功能状态。同时，坚持习练者机体的供氧能力相应提高，还表现在血红蛋白、红细胞数、平均红细胞体积、平均红细胞血红蛋白含量、平均红细胞血红蛋白浓度等指标在正常范围内显著升高。供氧充足是机体新陈代谢过程的前提条件，供氧能力提高对增强体质、延缓衰老、防治慢性疾病等意义同样重大。

三、提升心理健康

现代医学模式已从单纯生物模式向生物—心理—社会医学模式转变，一个人的健康不但要拥有健康的躯体，还要有健康的心理状态和良好的社会适应能力。心理健康主要是指人的内部心理和外部行为的和谐与协调，具备适应社会准则和职业要求的良性状态，属于世界卫生组织提出的健康概念的重要组成部分。心理健康作为衡量一个人健康与否的重要内容，主要是通过观测人身体状况、智力水平、情绪反应等是否互相协调，是否拥有持久平和的心境和能否与他人和谐相处、与社会相契合来表达的。其中，情绪反应对于一个人的心理健康至为重要。所谓情绪，是人对客观事物的态度体验及相应的行为反应，是内在需要是否得到满足的外在表现。简单地说，当需求得到满足时，我们会产生较好的情绪，如快乐、喜悦等；当需求得不到满足时，我们就会产生相应的不良情绪，如焦虑、抑郁、紧张、悲伤、愤怒、恐惧等。当一个人长期处于某种环境之中，某种情绪就会长期存在，这种较为稳定的情绪状态叫做心境。良好的心理健康状况表现在长期处于较好的心境，遇到不良刺激后能够较好地进行自我调整，较快地化解不良情绪。

由戴尧盖第斯（Derogatis）编制于1973年的《症状自评量表（SCL–90）》，是当今最著名的心理健康测试量表之一。它从躯体化、强迫症状、人际关系敏感、抑郁、焦虑、敌对、恐怖、偏执、精神病性和其他等视角，评定一个人在特定的时间，通常是一周以来的心理健康状况。《心境状态量表（POMS）》则是由美国学者麦克奈尔等人于1971年编制的一种心境状态自评量表。全量表包括紧张—焦虑、抑郁—沮丧、愤怒—敌意、精力感、疲劳感和慌乱感6个分量表组成，用于测量波动变化的心境。研究者用上述两个量表，对中短期的健身气功·八段锦练习者进行了测试，结果显示习练者的焦虑、抑郁紧张、愤怒、敌对、偏执、疲劳、慌乱、恐怖、躯体化症状明显、强迫症状、人际关系紧张、精神病性评分显著降低，精力更加充沛，自尊心显著增强，δ波功率、β波功率显著下降，α波功率显著提高。充分表明，坚持习练健身气功·八段锦，可较大地改善习练者心理状态，缓解不良情绪，特别是焦虑、抑郁、敌对等不良情绪明显缓解，而自尊感显著提高。

已有研究成果表明，情绪对人的身心健康具有直接影响。若能保持愉快的心境，为人开朗乐观、积极向上，则人体免疫功能活跃旺盛，可以减少患病的机会，促进疾病的康复。良好的情绪不仅可以促进生理健康，更和人们的心理健康紧密相关。情绪良好的人不仅对生活充满希望，对自己满怀自信，而且求知欲强，思维敏捷，富于创造力，爱好广泛，行为大方主动，善于与他人交往，能建立良好的人际关系，有利于提高工作和学习效率，激发潜能，实现全方位的发展。消极的情绪对人的身心健康有较大危害，在压抑、紧张、焦虑、恐惧等消极情绪的长期作用下，人的免疫能力下降，容易患各种传染性疾病，内脏功能也会受到伤害。中国古代医学认为，“怒伤肝”“悲伤肺”“恐伤肾”“虑伤脾”。消极情绪和情绪的长期不稳定还会影响到神经系统，破坏大脑皮层兴奋与抑制的平衡，使人的认识范围变窄，分析判断能力减弱，失去自制力，严重的还会引起精神错乱、行为失常和精神分裂症等病症。健身气功·八段锦独特的调心方式，能够对习练者的心理健康产生明显的影响。

四、防治慢性疾病

慢性非传染性疾病简称慢性病，是一类病因复杂，缺乏确切传染性生物病因证据，起病隐匿，病程较长且病情迁延不愈的疾病总称。慢性病一般都具有病程长、愈后差、致残率高、并发症多、需长期的康复训练和医疗照护等特点。随着人口老龄化加剧、工作竞争压力增大、体育锻炼减少，人们的疾病谱与死因谱也随之发生了较大改变，主要疾病模式已由传统的传染性疾病和营养不良转为慢性非传染性疾病，其发病率和死亡率呈明显上升趋势，其中，心脑血管疾病、脂肪肝、糖尿病、肿瘤等慢性非传染性疾病的患病率上升迅速，已成为世界性的公共卫生问题之一。全球范围内慢性病死亡人数已占所有死亡人数的60%以上，这个比例仍在逐年上升。慢性病和职业危害严重影响人们的健康和生活质量，给家庭和社会造成沉重的负担。实验显示，坚持健身气功·八段锦锻炼，对常见慢性病都有较好防治作用。

测试研究表明，进行长期有规律的健身气功·八段锦锻炼，可以改善血浆脂质和脂蛋白组成，表现为血浆TG、TC、LDL-G浓度降低，HDL-C浓度升高，使原有的致动脉硬化的血浆脂蛋白组成向良好的方向转变。血浆中LDL是将肝脏合成的内源性胆固醇转运到周围组织的主要形式，因此LDL过高会增加患AS的危险。HDL可以将胆固醇由动脉壁运往肝脏形成的胆汁酸排出体外，因此具有抗AS发生的作用。观察脂蛋白比率即HDL-C/TC或HDL-C/LDL-C，更能准确地预测动脉粥样硬化等心血管疾病的程度。坚持练习健身气功·八段锦前后，习练者的HDL-C/TC比值有显著变化，充分说明练习健身气功·八段锦对预防动脉粥样硬化具有良好作用，对于防治心脑血管疾病具有积极意义。

糖尿病是一种由于胰岛素分泌缺陷或胰岛素作用障碍所致的以高血糖为特征的代谢性疾病。持续过高的血糖会造成组织器官的损害，维持正常生理范围的血糖是糖尿病控制的核心目标。糖化血红蛋白可以反映一段时间身体血糖较为稳定的水平，可以较好地预测糖尿病某些并发症的发展变化情况。坚持健身气功·八段锦锻炼后，习练者的血糖和糖化血红蛋白监测值在正常范围内显著降低，很好反映了功法锻炼的降糖作用。此外，胰岛素抵抗指数试验常用来评价胰岛细胞功能，坚持健身气功·八段锦锻炼，能显著降低胰岛素抵抗指数，说明胰岛功能有所恢复，这对防治糖尿病具有积极作用。

能否保持消化道菌群的合适比例，是人体消化功能正常的重要因素。当某些因素作用于机体，破坏肠道微生态，双歧杆菌等常住厌氧菌数量下降时，就会出现腹胀、腹痛、便秘等慢性消化道疾病。双歧杆菌可以促进肠运动、促进排便、预防便秘、缓解胀气等。乳酸杆菌能改善肠道微生态平衡，增强机体免疫力、降低胆固醇及抑制肿瘤形成。测试结果显示，坚持健身气功·八段锦锻炼可以有效补充肠道正常菌群或促进有益菌增殖，同时对人体有害的肠杆菌、梭杆菌、肠球菌等菌群的繁殖产生有效抑制，进而能起到改善消化系统功能的作用。

慢性阻塞性肺炎不是一个独立疾病，而是以气道阻塞为其特征，且在活动之后出现呼吸困难的临床综合征。伴随着病情的发展，气流阻塞程度会加重，肺功能会进行性下降，其伴随的呼吸困难、焦虑与恶化的肺功能又会形成恶性循环。多项研究成果显示，坚持习练健身气功·八段锦，不仅肺功能显著提高，患者的呼吸困难得到改善，焦虑与孤独感下降，自身免疫力增强，而且能够更多地参加社会活动，提高了患者的生活质量，减轻了患者家庭的负担。此外，习练健身气功·八段锦，可使习练者的免疫力得到有效提升，特别是血清免疫球蛋白IgG、血清IL-2等升高显著，可大大提高机体对肿瘤细胞或病毒感染细胞的杀伤能力，对预防疾病感染和防治肿瘤具有积极效果。

跌倒是老年人致死的主要因素之一。测试研究表明，健身气功·八段锦可预防老年人跌倒，其机理可能与改善老年人姿势的稳定性与运动协调性，从而提高老年人的运动控制能力有关。健身气功·八段锦对膝关节骨性关节炎同样具有较好的康复效果，通过1年的健身气功·八段锦锻炼，每周5次，每次30分钟，研究发现患者6分钟行走试验、膝关节屈肌等指标均有显著改善。有研究者在中风患者中开展健身气功·八段锦联合以Bobath技术为主的康复治疗随机对照临床研究，结果证实健身气功·八段锦锻炼能够改善中风患者康复效果。

通过在冠心病稳定型劳累性心绞痛患者中开展3个月的健身气功·八段锦锻炼，每周锻炼5次，每次完成3遍整套功法，发现可显著减少心绞痛发作次数与发作持续时间，说明健身气功·八段锦可以作为冠心病稳定型劳累性心绞痛患者的一种康复治疗手段。研究还显示，坚持习练健身气功·八段锦，对高血压、颈椎病、偏头痛、肩周炎、失眠等常见慢性病均具有显著的改善作用。

慢性疾病往往会影响患者的生活方式，最终导致其生活质量降低。因此，防治慢性病最终目的不仅仅是控制患者的症状，如血糖、血脂、血压等，更要改善和提高患者的生活质量。研究者运用SF-36量表评价长期习练健身气功·八段锦对中老年人生存质量的影响，结果发现量表中的多项指标得分均明显提高，其中躯体功能、躯体健康问题导致的较色受限、生命活力、社交功能、生理健康总评和心理健康总评的指标在受试人群中均表现出随着锻炼时间延长，得分逐渐增加的趋势，客观地证实了功法锻炼对生活质量的提高。慢性疾病常常是相互影响的，如高血脂、高血压、糖尿病、动脉硬化等往往相伴出现，其机理十分复杂。一种慢性病的加重，会带动其他慢性病或症状的加重，如糖尿病会引起动脉硬化，动脉硬化又是心脑血管疾病的重要危险因素等。长期慢性疾病也会引起焦虑、抑郁情绪，极不利于疾病康复；反之，一种慢性病的缓解或减轻，也会带动其他慢性病或症状的缓解或减轻。健身气功·八段锦锻炼可提升习练者的生活质量，对避免或纾解不良情绪发生，保持良好心境和健康体质，特别是防治各类常见慢性疾病作用明显。

五、延缓机体衰老

衰老是生物界存在的普遍规律，是生物的基本内在特征之一。中老年人随着年龄的增长，在形态结构和生理、心理功能等方面都必然要出现一系列退行性变化，且这些变化往往是全身性的、多方面的。微观上主要表现为细胞数量减少，组织弹性减低，脏器萎缩、变性等；宏观上多表现为机体功能逐渐减退，如脏腑功能减退、肌肉力量下降、动作迟缓、站立不稳甚至容易摔倒、记忆力下降、反应速度减慢、社会适应能力降低等。大量的研究表明，适度运动有利于延缓机体衰老的进程。

性激素是人体内一种极为重要的内分泌激素，它除了和性功能有关外，还在人体的生长、发育、成熟及衰老过程中起着极为重要的作用。对参加健身气功·八段锦锻炼的中老年人性激素状况所做的监测显示，女性习练者3个月后雌激素雌二醇有明显增加，男性习练者6个月后体内主要雄性激素睾酮含量显著提升。这一结果表明，中老年人长期进行健身气功·八段锦锻炼，可改善衰老对性激素水平的影响，利于改善性能力和新陈代谢，延缓机体衰老进程。中老年人由于超氧化物歧化酶（SOD）减少，致使体内形成较多的过氧化物，引起机体细胞的损伤而致衰老。目前公认超氧化物歧化酶（SOD）能清除自由基，保护细胞，它的活力可以间接反映集体清除氧自由基的能力。血清丙二醛（MDA）是脂质过氧化物作用的产物，可以间接反映集体细胞受自由基攻击的程度。测试研究表明，经过3个月健身气功·八段锦锻炼后，习练者的外周血中超氧化物歧化酶（SOD）活性明显得到改善，过氧化脂质的主要降解产物血清丙二醛（MDA）的含量得到明显控制，其生成量有明显降低。由此可见，健身气功·八段锦锻炼对于延缓中老年人机体衰老具有明显积极作用。

智力衰退是一种进行性生理老化过程，是人体衰老的重要标志。采用智能生理年龄测试软件，通过人机对话方式，对习练健身气功·八段锦的老年人群进行测试，论证该功法对延缓智能生理年龄的作用。结果显示，锻炼6个月后，男性习练者的心算速度、辨别数字符号的速度、动作反应速度明显增快，计数测试所耗时间明显降低；女性习练者的心算速度、动作反应速度、记忆两位数字的个数明显增快，双手跟踪操作误差明显降低。由此可见，中老年人学练健身气功·八段锦，能明显改善多项智能和心理指标，智能生理年龄趋于年轻化，确实具有延缓老年智能衰退的功效。

第二章 健身气功·八段錦功法功理

健身气功·八段锦集中国古代导引术之精华，动作源于生活，质朴端庄，行易效宏，功理深入浅出，融意、气、形于一体。本章主要介绍健身气功·八段锦的功法基础，并对功法操作进行详细解说。

第一节　功法基础

功法基础是指学练健身气功·八段锦必须掌握的基本功、基本动作与基本技术。本节主要介绍手型、步型、身型、呼吸、意念和站桩六部分内容。

一、手型

手型是指功法练习中特定的拳、掌、指形态。起到引领动作、强化气血运行的作用。本功法主要包含以下几种手型。

（一）自然掌

五指自然伸直，稍分开，掌心微含。（图1）

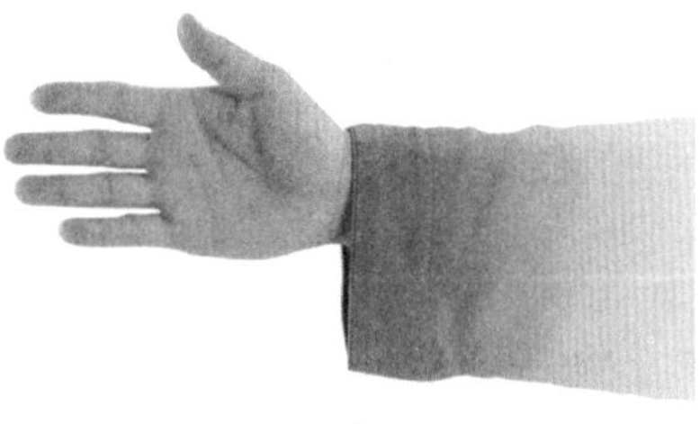

图1

（二）八字掌

图2

拇指与食指竖直分开成八字形，其余三指的第一、二指节屈收，指间见缝，大小鱼际稍向内收，掌心微含。（图2）

（三）龙爪

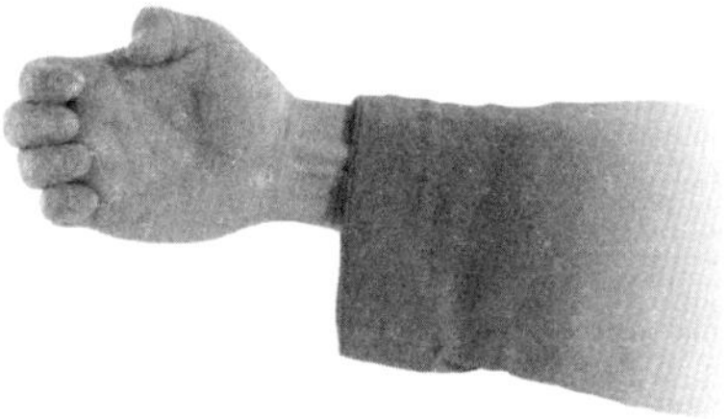

图3

五指并拢，拇指第一指节和其余四指的第一、二指节屈收扣紧，掌心张开。（图3）

（四）握固

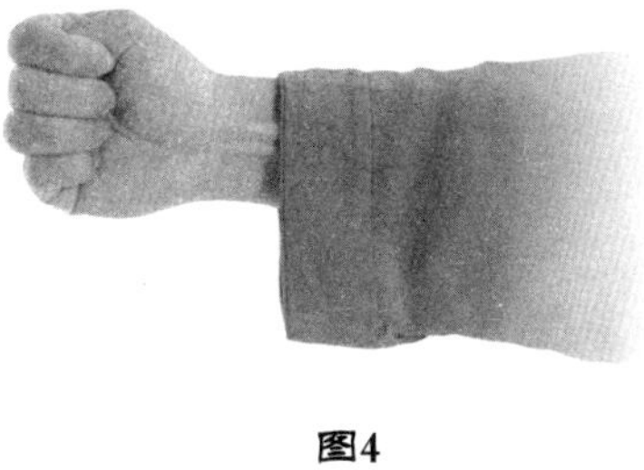

图4

拇指抵掐无名指根节内侧，其余四指屈拢收握。（图4）

二、步型

步型是指功法中两腿根据不同的式势，通过髋、膝、踝等关节的屈伸，使下肢呈现出一种静止的形态，调节身体肌肉骨骼之间力的平衡，可稳固重心，使气血顺达。

（一）并步

图5

两脚并拢，身体直立；两臂垂于体侧，头正颈直；目视前方。（图5）

（二）开步

图6

横向开步站立，两脚内侧与肩同宽，两脚尖朝前；头正颈直；目视前方。（图6）

（三）马步

开步站立，两脚间距约为本人脚长的3倍，脚尖朝前，两腿屈膝半蹲，大腿略高于水平，膝盖不超过脚尖；上体保持中正，目视前方。（图7）

图7

三、身型

图8

身型是指功法对头、躯干与四肢部位基本姿态的规范。其基本身型以抱球势为例（图8），具体要求为后顶虚领、立项竖脊、沉肩坠肘、虚胸实腹、松腰敛臀、屈膝下坐、两足平踏、立身中正。

（一）后顶虚领

是指头的后顶穴向上领起。此部位是身型控制的总机关，就是练功中常讲的“时刻不丢顶”。即使在倾身、俯身、摇转动作时也要保持斜中寓正，才能提起精神，克服动作松懈、低头、猫腰等毛病。

（二）立项竖脊

立项，需下颌内收，后项上提，做到直而不僵；竖脊，指整个脊柱犹如一串连珠，节节贯穿，上下对拔拉长。掌握了立项竖脊，就能精神饱满，方显质朴端庄。若弯腰、驼背，就会使人精神萎靡、身形松散。

（三）沉肩坠肘

肩是上肢的根节，肩关节不松沉会使上肢的动作僵硬，不协调，劲力不顺达，肩、肘、手运转不灵活，“肩紧一身僵”。坠肘，是指在一般情况下，上肢的起落、开合肘关节不宜伸直，要保持松垂，顺应正常的生理弯曲角度，使气、力不截于肘，做到手起肘相随，手落肘下坠，肩沉劲到肘，肘坠劲到手。

（四）虚胸实腹

指对胸腹内意、气的调控。虚胸，指胸部宽舒、两肩胛骨张开、背部后倚；实腹，指腹部放松、气沉丹田。虚其胸、实其腹，有助于心肾相交、调和气血、育真补元。

（五）松腰敛臀

指腰部肌肉放松，髋关节内收，尾闾内扣，命门微后凸。腰为一身之主宰，是上下沟通的枢纽。松腰有利于上下相随、节节贯穿、形于趾指。敛臀有助于中正、开启命门、畅通督脉。

（六）屈膝下坐

屈膝，指两腿弯曲、腘窝放松、膝盖不超过脚背；下坐，指髋关节垂直下沉，上体保持中正，避免出现躯干前俯后仰、撅臀跪膝的毛病。

（七）两脚平踏

指两脚平行站立，全脚掌着地，身体重心落于两腿之间，有助于身体重心稳定，使气不浮于上。

（八）立身中正

指头顶要悬，肩平正、髋平正、两足平正（平行、平踏）、脊柱中正；百会对会阴，肩井对涌泉，身架均衡，重心平稳。立身中正是对身型的总体要求，型正才能气顺、意宁、神安。

上述各部位基本姿势的要求是相互关联、互为依托的，短时间内不可能全面掌握，需经过反复细心地体悟，方能达到身型的标准，符合练功的要求。

四、呼吸

呼吸是指机体与外界环境之间气体交换的过程。根据健身气功·八段锦习练的需要，可以选用不同的呼吸方法。常用的方法有以下几种：

（一）自然呼吸

指不改变自己正常的呼吸方式，不加意念支配，顺其自然地呼吸。

（二）腹式呼吸

指主要通过横膈肌运动来完成的呼吸方法，又分为顺腹式呼吸和逆腹式呼吸。顺腹式呼吸是指吸气时腹部隆起，呼气时腹部内收；逆腹式呼吸是指吸气时腹部内收，呼气时腹部隆起。

（三）提肛呼吸

指在吸气时有意识地收提肛门及会阴部肌肉，呼气时放松肛门及会阴部肌肉。

（四）停闭呼吸

指在吸、呼气之间或之后停止片刻然后再呼或吸的方法。一次停闭呼吸一般不宜超过2秒钟。其作用主要是加大动作对脏腑、关节、肌肉等的刺激强度。

本功法对呼吸运用的总体把握是，初学者宜采用自然呼吸，逐步过渡到顺腹式呼吸；当动作熟练后，应结合动作的升降开合采用逆腹式呼吸进行练习。停闭呼吸主要在每式主体动作松与紧、动与静的转换处采用。因功法的动作幅度有大小之别，每个练功者的肺活量、呼吸频率有差异，且练功水平和程度不同，要选择适宜的呼吸方法，切忌生搬硬套。功法技术章节中对各式动作与呼吸的配合只做一般提示，如呼吸不顺畅，应及时采用顺其自然的呼吸方法进行调节。

五、意念

意念，即意识，包含显意识和潜意识，是人脑思维活动形成的一种精神状态。健身气功的意念运用多种多样，在本功法中常采用以下几种意念方法。

（一）意念动作过程

主要是在练功过程中意想动作规格、方法要领、动作路线是否准确，从而更好地学习掌握动作。

（二）意念呼吸

练功中有意识地注意呼吸，既可意念功法中不同的呼吸方法，也可意念呼吸与动作的配合。

（三）意念身体部位

指意念身体重点部位和穴位。根据每一式的功理与作用，可选择不同的部位或穴位意守。

（四）默念歌诀

默念每一式的动作名称。心念歌诀，不出声，要意发于心，察之于体，使身心渐入佳境。

（五）存想

指在放松入静的条件下，运用自我暗示，设想某种形象，使身心与景象融合为一。

健身气功·八段锦意念方法的运用，应根据不同的式势要求、自身的技术水平及练功阶段合理选择，对于初学者而言，可重点意念动作的过程与规格要领。随着练功的深入，逐渐进入似守非守、绵绵若存的境界。功法技术章节中介绍的各式意念活动，只是从总体上作一般提示，学练者视自身情况灵活运用。

六、站桩

站桩，是指人体保持一定的站立姿势，借助内向性的意念运用，加强脏腑、气血、筋骨等功能。俗话说“要知拳真髓，首由站桩起”。站桩不仅是八段锦的基本功，而且是迈向练功高层次的重要方法和途径。学练健身气功·八段锦，需掌握以下几种站桩：

（一）无极桩

无极桩主要运用于本功法的开始、结束或动作之间的衔接。因桩法简单，初学者往往认为没有必要进行专门练习。实际上，它能帮助练功者端正身型，引导练功者身心进入练功的意境。站桩时间以2～3分钟为宜，可采取多次重复练习。

1. 动作说明

图9

两脚并步站立，两臂自然垂于体侧；提顶立项，下颌微收，舌须平放，齿唇轻闭；沉肩坠肘，腋下虚掩，胸部安舒，腰腹放松；目视前方。（图9）

2. 呼吸方法

（1）初学站桩时宜采用自然呼吸。

（2）随着练功水平的提高，自然过渡到腹式呼吸。

3. 意念活动

（1）意念身体各部位的动作规格。

（2）意念周身放松，逐步过渡到意守丹田。

4. 技术要点

（1）后顶虚领，两脚踏平，身体重心落于两腿之间。

（2）身体中正，呼吸自然，精神集中，宁静安详。

5. 易犯错误与纠正方法

（1）姿势松懈，精神涣散。注意保持后顶上领，下颌微收，目视前方，注意力集中。

（2）表情紧张，姿势僵硬。注意眉宇舒展，肩部放松下沉，两腿自然站立。

（3）追求气感，用意过紧。练功中出现热、胀、麻、肌肉跳动等现象时，要顺其自然不予关注。当出现身体晃动或头晕恶心、心慌气短等不良反应时，应及时停止练功，查找原因修正后，再继续练功。

6. 功理与作用

端正身型，调和呼吸，安定心神，愉悦身心。

（二）抱球桩

本功法中的很多动作均是从抱球桩演化而来，其内涵丰富，为一般练功者首选桩法。站桩的时间、强度要量力而行，不勉强坚持，要循序渐进，持之以恒。

1. 动作说明

图10

两脚开步站立，脚内侧与肩同宽，脚尖朝前；两臂内旋摆至体侧约45°，继而外旋，两掌向前环抱，与脐同高（或在脐乳之间），掌心朝内，指尖相对，间距10～20厘米；同时屈膝，垂直下坐，膝盖不超过脚背；目视前方或垂帘。（图10）

2. 呼吸方法

（1）初学站桩时宜采用自然呼吸。

（2）随着练功水平的提高，自然过渡到腹式呼吸。

（3）初站桩时，可有意运用呼吸引动气机，以3次为宜，最多不超过9次。

3. 意念活动

（1）站桩初期以意念端正身型。

（2）随着练功的深入，意守丹田。

4. 技术要点

（1）背部后倚，腋下悬开，两臂掤圆，两掌微张；其余参照身型要求。

（2）收视返听，精神内守，气沉丹田。

5. 易犯错误与纠正方法

（1）丢顶闭目，耸肩架肘，撅臀跪膝，掌指下垂，脚尖外展。注意目视前下方，下颌内收，沉肩坠肘，尾闾内扣，膝盖不超过脚背，指尖相对，脚尖朝前。

（2）精神不专一，呼吸短浅，气息上浮。注意力要集中，胸部放松，适当调息，气沉丹田。

（3）追求气感，用意过紧。练功中出现热、胀、麻、肌肉跳动等现象时，要顺其自然不予关注。当出现身体晃动或头晕恶心、心慌气短等不良反应时，应及时停止练功，查找原因修正后，再继续练功。

6. 功理与作用

可调身、换劲、卸掉全身拙力；可调息、升清降浊、养丹田之气；可调心、放松入静、养心安神。

（三）扶按桩

本功法中的扶按桩重心较低、强度大，适合于体质较好者选练。

1. 动作说明

图11

两脚开步站立，宽于肩，脚尖朝前，随之两腿屈膝下蹲，膝盖不超过脚尖；同时，两臂微屈，两掌扶按于胯旁，掌与胯间距约5厘米，掌心朝下，指尖朝前；目视前方。（图11）

2. 呼吸方法

（1）初学站桩时宜采取自然呼吸。

（2）随着练功水平的提高，自然过渡到腹式呼吸。

3. 意念活动

（1）站桩初期以意念端正身型。

（2）意念两掌扶按水中之球。

（3）随着练功的深入，意守丹田。

4. 技术要点

参照抱球桩。

5. 易犯错误与纠正方法

（1）丢顶闭目，耸肩架肘，撅臀跪膝，脚尖外展。注意目视前方，下颌内收，沉肩坠肘，尾闾内扣，膝盖不超过脚尖，指尖与脚尖朝前。

（2）两臂僵直，两掌置于体侧或小腹前。注意沉肩坠肘，肘关节微屈，坐腕，两掌根位于胯旁。

（3）精神不专一、呼吸短浅、气息上浮。注意力要集中，胸部放松，适度调整呼吸，气沉丹田。

（4）追求气感，用意过紧。练功中出现热、胀、麻、肌肉跳动等现象时，要顺其自然不予关注。当出现身体晃动或头晕恶心、心慌气短等不良反应时，应及时停止练功，查找原因修正后，再继续练功。

6. 功理与作用

调节身体各部位姿势，符合身型要求；稳固根基，强筋壮骨，提高肌肉力量，强体增力。

第二节　功法操作

本节从动作说明、呼吸方法、意念活动、技术要点、易犯错误与纠正方法和功理与作用六个方面，依次进行阐述。

预备势

1. 动作说明

动作一：两脚并步站立；后顶上领，颈部竖直，齿唇轻闭，舌尖轻贴上腭，眉宇间和嘴角放松；两臂自然垂于体侧，沉肩垂肘，松腕舒指，中指腹轻贴裤线；腋下虚掩，胸部自然舒展，腹部放松；目视前方。（图12）

图12

动作二：随着松腰沉髋，身体重心移至右腿，左脚向左侧开步，约与肩同宽，脚尖朝前，继而重心平移至两腿之间；目视前方。（图13）

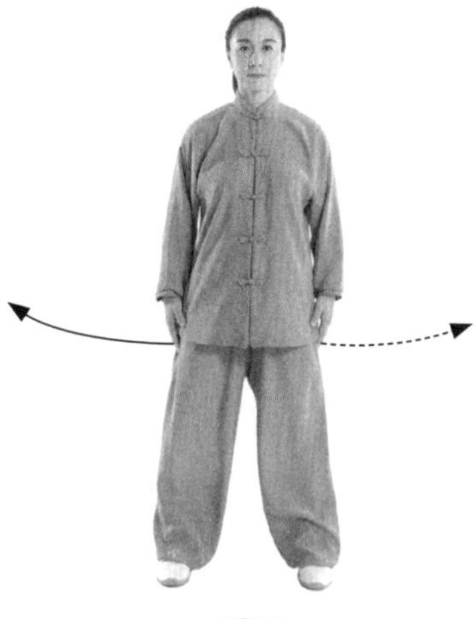
图13

动作三：两臂内旋，两掌分别向两侧摆起，手臂与身体的角度约45°，掌心朝后；目视前方。（图14）

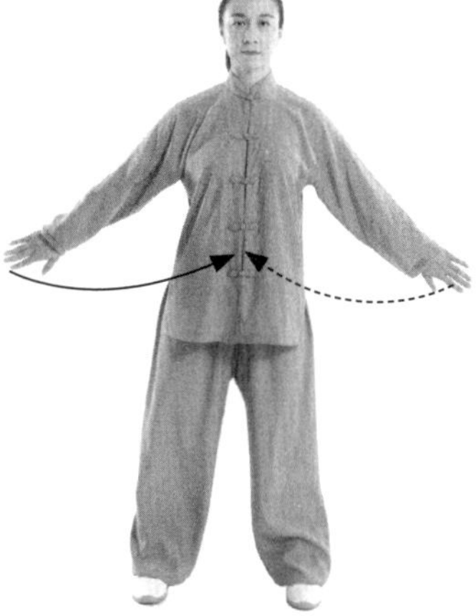

图14

动作四：上动不停，身体重心垂直下降，两腿膝关节弯曲；同时，两臂外旋，两掌向前合抱至斜前方45°后，再屈肘、屈腕成抱球状，掌心朝内，与脐同高，两掌指尖相对，间距10～20厘米；目视前方。（图15）

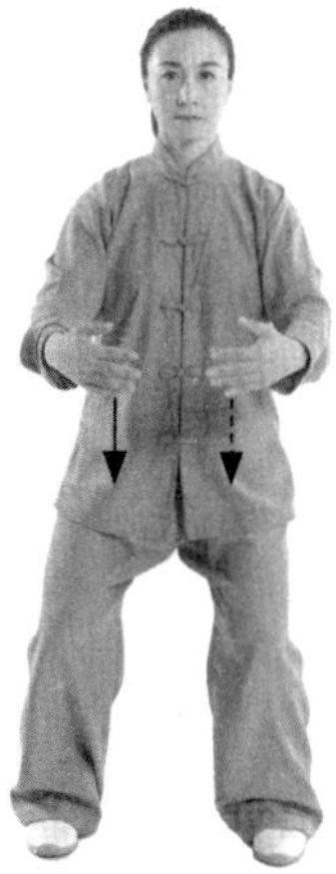

图15

2. 呼吸方法

动作一、二自然呼吸，动作三吸气，动作四呼气。抱球后调息3次。

3. 意念活动

（1）意念基本姿态与周身放松。

（2）动作四意守丹田。

4. 技术要点

（1）保持后顶上领，立身中正，收髋敛臀打开命门。

（2）抱球时腋下悬开，两臂掤圆，两掌微张，背向后倚，开启云门穴。

（3）目视前方时精神内敛，神不外驰。

5. 易犯错误与纠正方法

（1）成抱球势时拇指上翘，其余四指朝向地面。注意沉肩坠肘，指尖相对，拇指放平。

（2）塌腰、跪膝、八字脚。注意松腰敛臀，膝关节不能前顶，膝盖不超越脚背，脚尖朝前，平行站立。

6. 功理与作用

端正身型，调匀呼吸，宁神静气，启动气机，培育元气，使习练者进入练功状态。

第一式　两手托天理三焦

1. 动作说明

动作一：接上式。两臂外旋下落于小腹前，掌心朝上，掌指尖相距约10厘米，小指侧离小腹部约10厘米；目视前方。（图16）

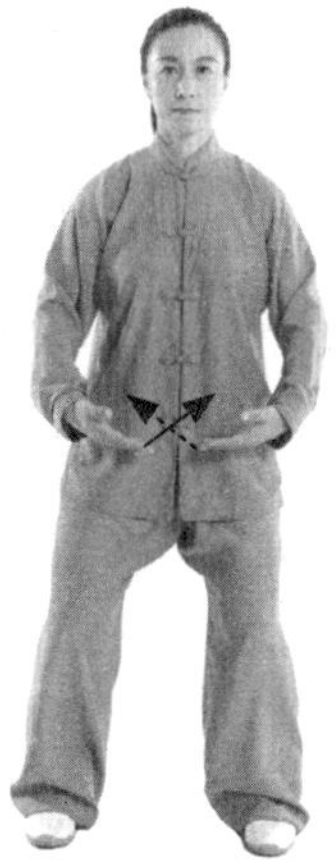

图16

动作二：上动不停，两掌五指分开在小腹前交叉；目视前方。（图17）

图17

动作三：上动不停，身体重心徐缓升起；同时，两臂屈肘，两掌垂直向上抬至胸前，掌心朝上；目视前方。（图18）

图18

动作四：上动不停，两腿徐缓伸直；同时，两臂内旋，两掌向上托起，肘关节微屈，掌心朝上；抬头，目视两掌。（图19）

图19

动作五：上动不停，两掌继续上托，肘关节伸直；同时，下颌内收；动作略停，两臂保持抻拉；目视前方。（图20）

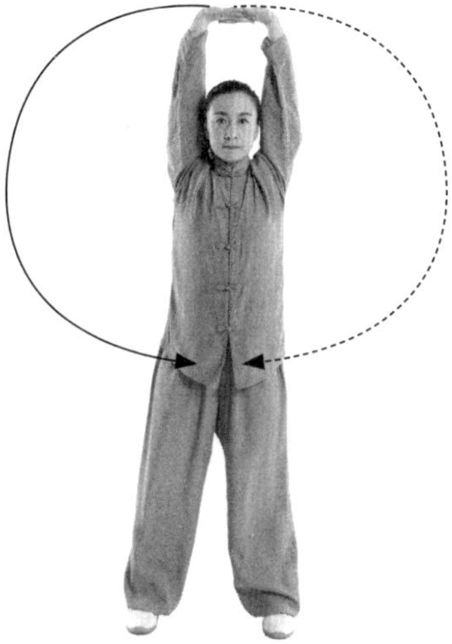

图20

动作六：身体重心缓慢下降，两腿膝关节弯曲；同时，十指慢慢分开，两臂分别向身体两侧下落至斜下方45°时再屈肘，两掌捧于腹前，掌心朝上，掌指相距约10厘米；目视前方。（图21）

本式托举、下落为1遍，共做6遍。

图21

2. 呼吸方法

动作一、二自然呼吸；动作三、四吸气；动作五停闭呼吸；动作六呼气。

3. 意念活动

意念顶天立地、三焦通畅。

4. 技术要点

（1）两掌上托舒胸展体，上下对拔拉长，节节抻开，脚趾抓地。

（2）两掌下落时，松腰沉胯，沉肩坠肘，松腕舒指，上体中正。

5. 易犯错误与纠正方法

（1）两掌上托至胸前时耸肩，前臂不平。注意沉肩、两掌带动前臂上抬。

（2）动作四抬头不充分；动作四与动作五的衔接有停顿、断劲。注意两掌翻转上托时要眼随手动，下颏先向上助力，给大椎穴适当的刺激，再收下颏配合两掌继续上托，至肘关节伸直，力在掌根，意气达于掌指。

6. 功理与作用

（1）本式通过四肢、躯干的伸展抻拉，并配合调息，有利于元气、水液在全身的布散与气机的升降。可调理三焦，畅通任、督二脉和手足三阴三阳经及脊柱相应节段；同时，可扩张胸廓，使腹腔、盆腔脏器受到牵拉、按摩，促进气血运行，提高脏腑机能。

（2）对防治肩部疾患，预防颈椎病具有良好作用。

第二式　左右开弓似射雕

1. 动作说明

动作一：接上式。身体重心右移，松腰沉胯，左脚向左开步站立，两腿膝关节自然伸直；同时，肩部放松，两掌向上随两臂屈肘交叉搭腕于胸前，掌根约与膻中穴同高，左掌在外，两掌心朝内；目视前方。（图22）

图22

动作二：两臂沉肘稍回收，同时，右掌屈指成龙爪，左臂内旋坐腕成八字掌，掌心斜朝前，指尖朝上；目视前方。（图23）

图23

动作三：上动不停，两腿徐缓屈膝成马步；同时，左掌向左侧推出，腕与肩平，指尖朝上，右龙爪向右平拉至肩前，犹如拉弓射箭之势，保持抻拉；目视推掌方向。（图24）

图24

动作四：身体重心右移，左腿膝关节略伸直；同时，右手指伸开成自然掌，向上、向右划弧，腕与肩同高，掌心斜朝前，指尖朝上，左手指伸开成自然掌，掌心斜朝前；目视右掌。（图25）

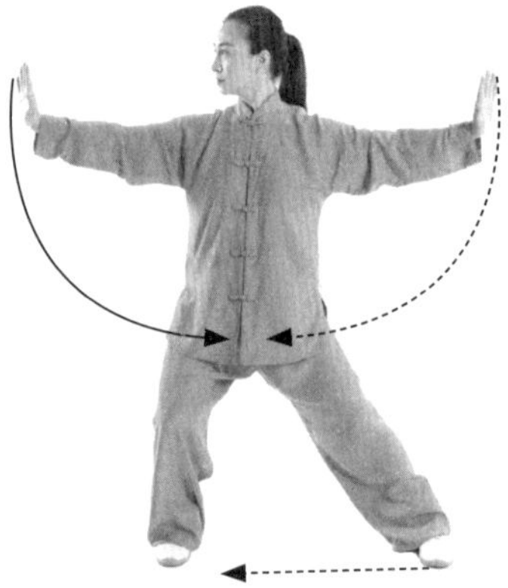
图25

动作五：上动不停，重心继续右移，左脚收回成并步站立；同时，两掌分别由两侧下落，屈肘，捧于小腹前，掌心朝上，指尖相对，间距约10厘米；目视前方。（图26）

图26

图27

图28

图29

图31

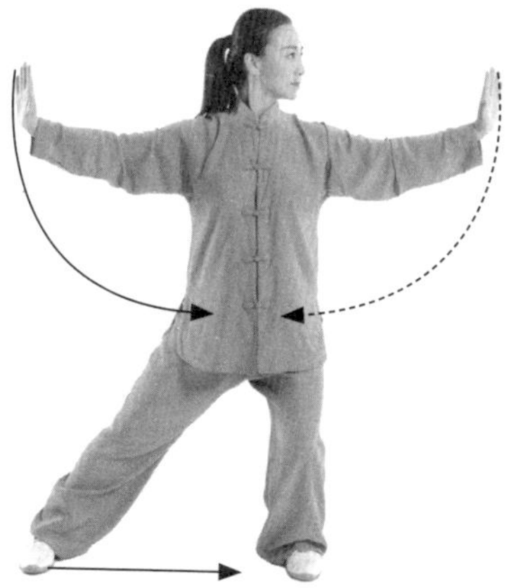

图30

右式动作同左式动作，唯左右相反。（图27～图31）

本式一左一右为1遍，共做3遍。

第3遍最后一动时，重心继续左移，右脚收回成开步站立，与肩同宽，膝关节弯曲；同时，两掌分别由两侧下落，屈肘，捧于小腹前，掌心朝上，指尖相对，间距约10厘米；目视前方。（图32）

图32

2. 呼吸方法

动作一、二、四吸气，动作三、五呼气，在动作三即将形成定势前开始停闭呼吸至定势结束。

3. 意念活动

动作三拉弓时意念在夹脊，定势时意在食指指尖。

4. 技术要点

（1）拉弓时注意手型变换，劲由脊发，转头要充分，两臂对拉保持一条直线。

（2）马步屈蹲，膝盖不超过脚尖。

（3）保持立身中正。

5. 易犯错误与纠正方法

（1）颈项不直，转头不充分。注意下颌内收，头转至鼻尖正对八字掌食指。

（2）拉弓定势时耸肩，推掌时直肘、直腕。注意沉肩坠肘、坐腕翘指。

（3）马步跪膝，重心偏移。注意膝盖不超过脚尖，垂直下坐，重心落于两腿中间。

6. 功理与作用

（1）左右开弓时，利于扩大胸腔，增大肺通气量、回心血量和打开上焦；通过八字掌坐腕翘指、龙爪置于肩前云门处，可有效刺激手太阴肺经、手阳明大肠经，对于改善微循环、增大肺活量、提高心肺功能及指关节灵活性具有促进作用。

（2）下蹲成马步时，可加强股四头肌、小腿后侧肌群等肌肉收缩，能有效发展下肢力量，促进血液回流。

（3）扩胸展肩、转头，可加强颈椎、胸椎的运动，纠正局部小关节的异常位置，调节颈、肩、胸、背部肌肉平衡，有利于矫正驼背等不良体态，防治颈椎病、肩周炎等疾患。

第三式　调理脾胃须单举

1. 动作说明

动作一：接上式。身体重心稍升起；同时，左臂内旋上抬，左掌与胸同高，掌心朝内，指尖斜朝上；右臂内旋，右掌心对腹部，指尖斜朝下；目视前方。（图33）

图33

动作二：上动不停，左臂继续内旋上举，左掌翻转上托至头左上方，肘关节微屈，力达掌根，掌心斜朝上，指尖朝右，中指尖与肩井穴在同一垂直线上；同时，右臂继续内旋，右掌下按至右胯旁约10厘米处，肘关节微屈，力达掌根，掌心朝下，掌指朝前；动作略停，保持抻拉；目视前方。（图34）

图34

动作三：松腰沉胯，身体重心缓缓下降；两腿膝关节稍屈；同时，左肩下沉，左臂屈肘外旋下落，左掌与胸同高，掌心朝内，掌指斜朝上；右臂外旋，右掌收至腹前，掌心朝内，指尖斜朝下；目视前方。（图35）

图35

动作四：上动不停，身体重心继续下降，两腿膝关节弯曲；同时，两臂外旋下落，两掌捧于小腹前，掌心朝上，掌指尖相对，间距约10厘米；目视前方。（图36）

图36

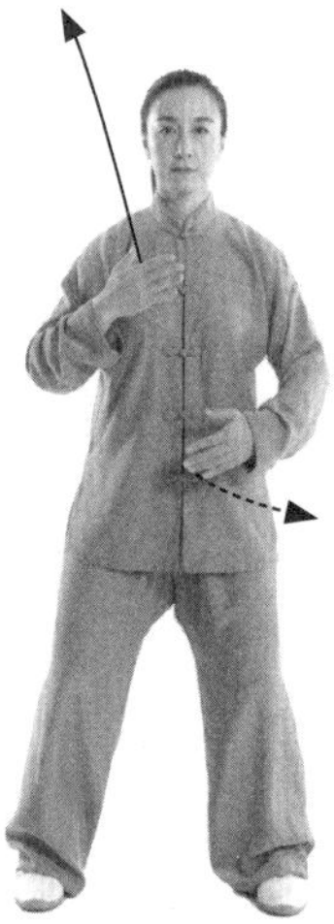
图37

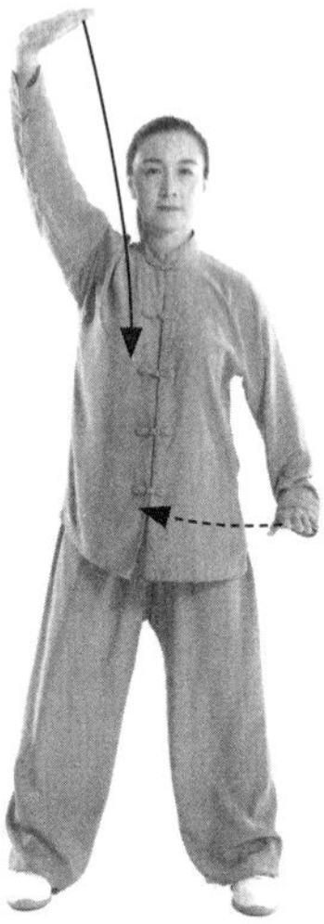
图38

图39

图40

右式动作同左式，唯左右相反。（图37 ~ 图40）

本式一左一右为1遍，共做3遍。

第3遍最后一动时，右臂外旋，右掌指尖转向后；身体重心下降，两腿膝关节弯曲；同时，右掌向前下落，按于胯旁约10厘米处，掌心朝下，掌指朝前，左掌微前移，两肘微屈；目视前方。（图41、图42）

图41

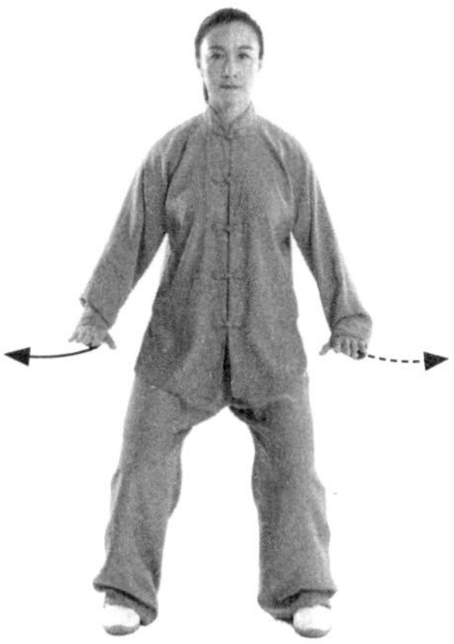

图42

2. 呼吸方法

动作一、二吸气，动作三、四呼气，在动作二即将形成定势前开始停闭呼吸至定势结束。

3. 意念活动

（1）两掌捧于小腹前时意念丹田。

（2）动作二成定势时意念上手擎天、下手拄地，升清降浊，调理脾胃。

4. 技术要点

（1）动作一，左掌斜向上约45° ，右掌斜向下约45° 。

（2）两掌上撑下按时，力在掌根，肘关节微屈，抻拉胁肋部，大脚趾有意下压，舒胸展体、拔长腰脊，有上擎天、下拄地、顶天立地之感。

（3）上举掌下落时，要经上举路线原路返回。

5. 易犯错误与纠正方法

（1）动作一，两臂抬肘，掌指横置于胸腹前。注意沉肘，使前臂和掌约成45° ，如怀抱婴儿状。

（2）两掌上举下按时，配合不协调。上举手路线较长，注意下按手动作需稍缓慢，使两掌同时到位。

（3）上臂下落时路线错误。注意下落时要沉肩、坠肘、旋臂，带动右掌按上举路线返回。

6. 功理与作用

（1）上举下按成定势时，脚大拇趾有意下压，可刺激足太阴脾经的隐白等穴位；抻拉、挤压两胁与中脘，可刺激足太阴脾经的大包穴和章门穴以及背部的脾俞、胃俞等，促进胃、肠蠕动，还可以调节脊柱两侧肌肉、韧带的张力和刺激内脏神经，对提升五脏六腑尤其是脾胃的功能有促进作用。

（2）两手上托下按的过程中，利于脾的升清功能和胃的降浊功能，改善人体消化、吸收能力。

（3）两掌上下对拉，使脊柱两侧肌肉相反方向用力，椎体两侧形成上下相对运动，增强了脊柱的灵活性与稳定性，利于防治颈、肩疾病等。

第四式　五劳七伤往后瞧

1. 动作说明

动作一：接上式。两腿徐缓挺膝伸直；两肩下沉，两臂伸直，掌心朝后，指尖朝斜下伸出；目视前方。（图43）

图43

动作二：上动不停，两臂外旋，上摆至体侧约45°，掌心朝斜后上方；同时，头向左后方转动，展肩扩胸；动作略停，保持抻拉；目视左斜后方。（图44）

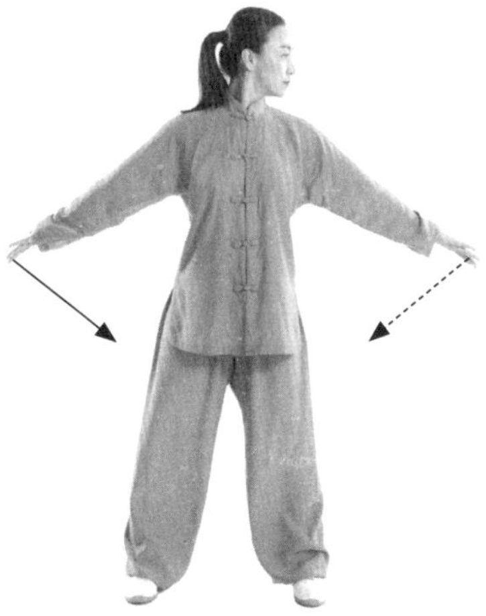

图44

动作三：松腰沉髋，身体重心缓缓下降，两腿膝关节弯曲；同时，头转正，两臂内旋，屈肘，两掌按于胯旁，掌心朝下，指尖朝前；目视前方。（图45）

图45

右式动作同左式，唯左右相反。（图46 ~ 图48）

本式一左一右为1遍，共做3遍。

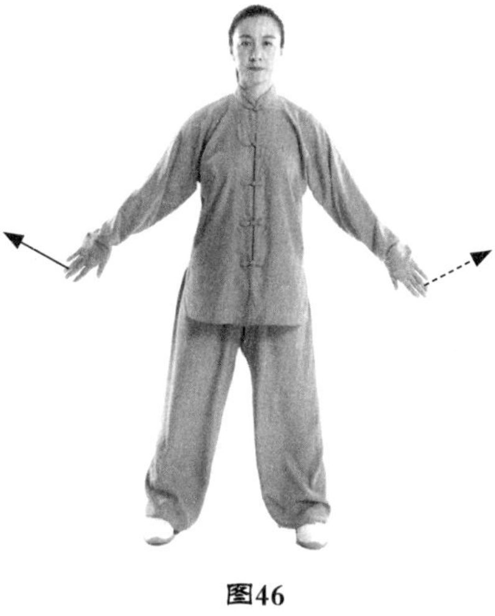

图46

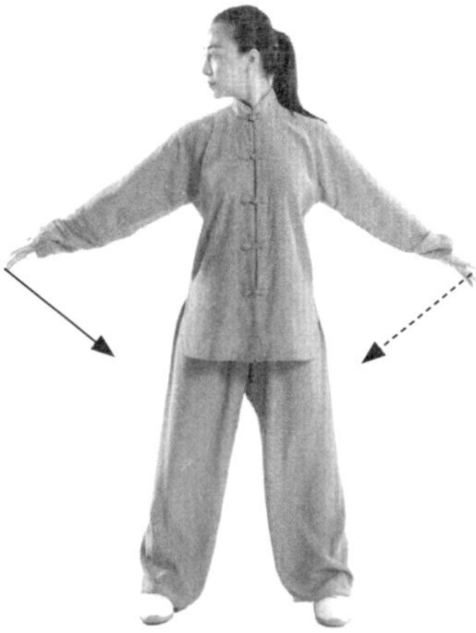

图47

图48

第3遍最后一动时，两腿膝关节弯曲；同时，头向前转正，两臂内旋，屈肘，两掌捧于小腹前，掌心朝上，指尖相对，间距约10厘米；目视前方。（图49）

图49

2. 呼吸方法

动作一、二吸气，动作三呼气，在动作二即将形成定势前开始停闭呼吸至定势结束。

3. 意念活动

（1）动作一意在肩井穴。

（2）动作二意在大椎穴。

（3）动作三意在丹田。

4. 技术要点

（1）转头不转体，旋臂充分，转头用力适度，两臂于体侧抻拉拔长。

（2）动作二，成定势时，劲在夹脊，意气贯于指尖。

（3）动作三，两掌收回按于胯旁时，两肩胛骨微外开，命门穴微后凸，脊柱竖直，保持头顶悬。

5. 易犯错误与纠正方法

（1）转头时上体后仰，旋臂不充分或转头速度过快。注意后顶虚领，下颌内收，尽量旋臂，缓慢转头，做到旋臂与转头协调一致。

（2）转头时上体转动，两臂旋至体后。注意要立身中正、胸部保持正对前方，两臂外旋侧伸不超过体侧。

6. 功理与作用

（1）两臂外旋、展肩扩胸动作，有利于打开手三阴经和任脉，挤压手三阳经和督脉；两臂内旋时，肩胛微开、命门后凸动作，则有利于打开手三阳经和督脉，挤压手三阴经和任脉，并刺激背部腧穴、夹脊等穴位。这种阴阳经交替开合，能发动全身经络气机、协调一身阴阳、调节五脏六腑功能。

（2）转头后瞧时，可刺激颈部大椎穴，牵拉两侧颈动脉，改善脑部供血，增强颈、项、背部肌肉力量，缓解视觉疲劳和防治老年痴呆、颈椎疾病等。

第五式　摇头摆尾去心火

1. 动作说明

动作一：接上式。身体重心左移；右脚向右开步站立，两脚间距约三脚宽，两腿膝关节自然伸直；同时，两掌上托至胸高时，两臂内旋，两掌翻转向上分托至头斜上方，肘关节微屈，掌心斜朝上，指尖相对；目视前方。（图50）

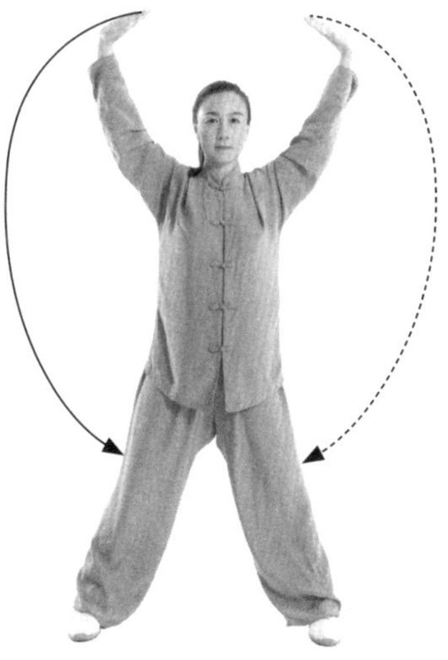

图50

动作二：上动不停，身体重心下降，两腿徐缓屈膝下蹲成马步；同时，两臂从两侧下落，肘关节弯曲，两掌指扶于膝关节上方，手腕松沉，掌指斜朝前；目视前方。（图51）

图51

动作三：上动不停，身体重心稍起；目视前方。（图52）

图52

动作四：上动不停，身体重心右移，右腿膝关节弯曲，左腿膝关节稍屈；同时，上体右倾约45°；目视前方。（图53）

图53

动作五：上动不停，身体重心稍下降成右偏马步状；同时，上体右转俯身；目视右脚尖。（图54）

图54

动作六：上动不停，身体重心左移成左偏马步状；同时，上体保持俯身左旋至左斜前方；目视右脚跟。（图55）

图55

动作七：上动不停，身体重心稍右移，右髋向右侧送出，尾闾随之向右、向前、向左、向后旋转至正后方；同时，身体重心随尾闾转动移至两腿间，膝关节弯曲；胸微含，头向左、向后转至正后方；目视上方。（图56）

图56

动作八：上动不停，下颌与尾闾同时内收；身体重心下降成马步；目视前方。（图57）

图57

右式动作同左式，唯左右相反。（图58～图63）

本式一左一右为1遍，共做3遍。

图58

图59

图60

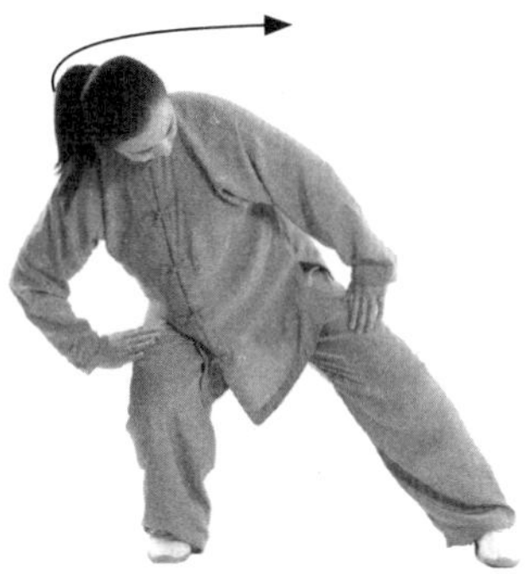

图61

图62

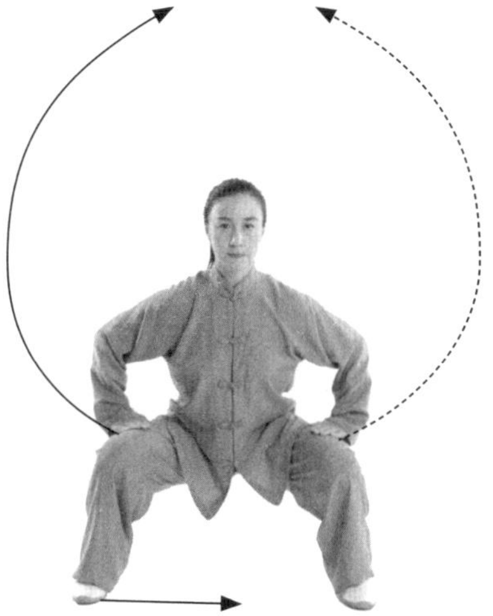

图63

做完3遍后，身体重心左移，右脚收回成开步站立，与肩同宽；同时，两掌从两侧向上至肩高时外旋翻转，掌心朝上，随之两臂上举，掌心相对；目视前方（图64）。身体重心缓慢下降，两腿膝关节弯曲；同时，两臂屈肘，两掌经面前下按至小腹前，掌心朝下，指尖相对，相距约10厘米，拇指侧距腹部约10厘米；目视前方。（图65）

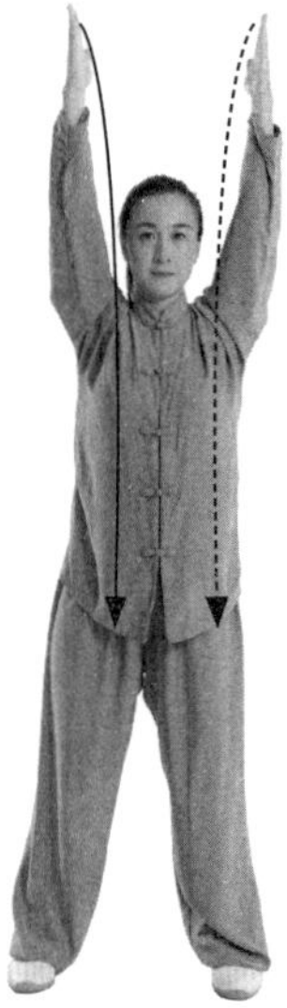

图64

图65

2. 呼吸方法

动作一、三、四、七吸气，动作二、五、六、八呼气。

3. 意念活动

（1）动作一至六意念动作规格。

（2）动作七，尾闾转动和摇头时，意在大椎和尾闾。

（3）动作八，身体重心下降时，意在丹田。

4. 技术要点

（1）按动作说明首先要分清每一动的节分点，再求连接。

（2）摇头摆尾时以尾闾旋转为主，头部跟随，意、气、劲由尾闾上传至大椎。

（3）摇头时胸部微含，柔和缓慢；摆尾时要收腹，动作圆活连贯。

5. 易犯错误与纠正方法

（1）摇头与摆尾配合不协调。注意向侧送胯时，头要同时侧摆，颈部放松，转脸目视上方，并随尾闾转动将头与尾闾同时旋转至正后方。

（2）做动作七、八摇头摆尾时挺胸展腹。注意沉胯、收腹、胸部微含。

（3）动作二下蹲成马步时，两掌撑按大腿或虎口掐按大腿。注意沉肩坐腕、掌根悬空、五指轻抚膝关节上方。

6. 功理与作用

（1）摇头摆尾可提升阳气、通经泄热、平衡阴阳、畅通任督二脉、调理脏腑、滋阴补肾，使肾水上济，促进心肾相交。同时，牵动脊髓和马尾神经，改善内脏神经功能，有助于提升卵巢、子宫、前列腺、膀胱等脏器的功能。

（2）脊柱的回环旋转，加之头、尾的牵拉转动和提肛收腹与膈肌的下降，对脊柱有很好的保健作用。同时，腹腔脏器得到挤压、按摩，促进了中焦、下焦的消化、排泄及运化功能。

（3）下蹲马步、左右移动重心，能活动髋关节，改善局部血液循环，可防治股骨头坏死等疾病，并能发展下肢力量，提高身体的稳定性。

第六式　两手攀足固肾腰

图66

1. 动作说明

动作一：接上式。两腿挺膝伸直站立；同时，两掌指尖转向前，两臂向前、向上举起，肘关节伸直，掌心朝前；目视前方。（图66）

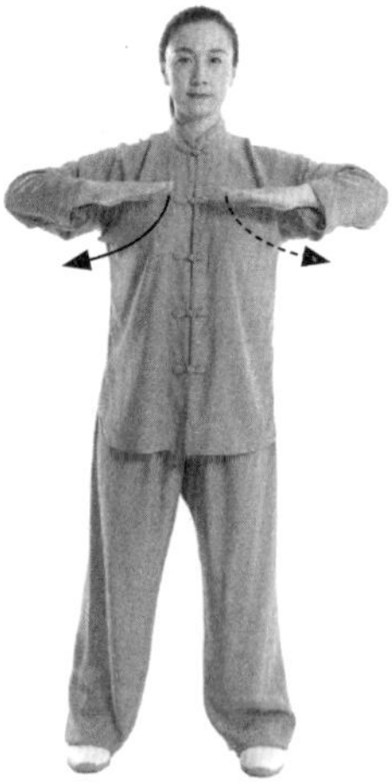
图67

动作二：上动不停，两臂外旋，掌心相对，两掌随屈肘经脸前下按于胸前，掌心朝下，指尖相对；目视前方。（图67）

动作三：上动不停，两臂外旋，两掌心朝上，掌指内旋，经腋下向后反插；目视前方。（图68）

图68

动作四：上动不停，两掌心贴背，沿脊柱两侧向下摩运至臀部；目视前方。（图69）

图69

动作五：上动不停，上体前俯，两掌继续沿腿后向下摩运至脚踝，再贴两脚外侧移至小脚趾处，随之旋腕扶于脚面，掌指朝前；目视下方。（图70、图70侧）

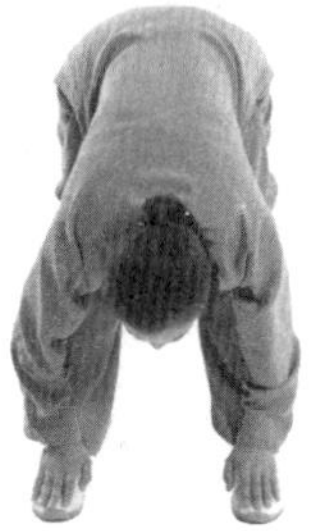

图70

图70侧

动作六：上动不停，两掌不动，塌腰、翘臀、微抬头；两掌沿地面向前、向上远伸，以臂带动上体抬至水平；目视前下方。（图71、图71侧）

图71

图71侧

动作七：上动不停，两臂继续向前、向上举至头上方，上体立起，两掌间距约与肩宽，掌心朝前，指尖朝上；目视前方。（图72）

本式一下一上为1遍，共做6遍。

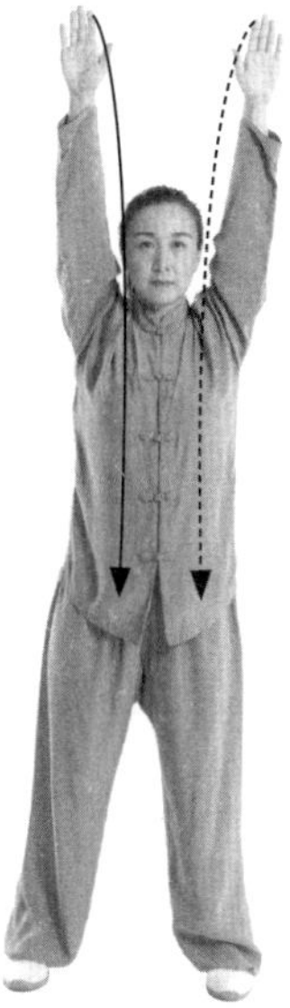

图72

做完6遍后，身体重心缓慢下降，两腿膝关节弯曲；同时，两臂向前下落，肘稍屈，两掌下按至小腹前，掌心朝下，掌指朝前；目视前方。（图73）

图73

2. 呼吸方法

动作一、三、四、七吸气；动作二、五呼气；动作六停闭呼吸（有一定基础的练习者可根据自己的呼吸频率，将两吸两呼并为一吸一呼，即起吸落呼）。

3. 意念活动

（1）俯身时意念脊柱节节放松。

（2）上体抬起时意在命门，拉长腰脊。

4. 技术要点

（1）向下俯身时，颈、肩、腰脊要节节放松，特别是命门穴要放松，呈弯弓状。

（2）向上起身时，以臂带身，尽量伸展肢体，其用力点在命门，成反弓状。

5. 易犯错误与纠正方法

（1）两掌经腋下反插向下摩运时提前俯身。注意上体直立，两掌摩运至臀部后再向下俯身。

（2）两掌向下摩运过程中屈膝。注意整个动作过程中始终保持挺膝。

（3）动作六，形成背伸时，身体各部位用力顺序错误。注意先塌腰，后翘臀、引腰、微抬头。

（4）上体抬起时，以身带臂。注意要以臂带身，两臂向前、向上带动上体抬起。

6. 功理与作用

（1）脊柱的前屈与背伸运动，能增强脊柱相关肌肉力量，提升脊柱的稳定性、柔韧性和延展性，可有效防治颈椎、腰椎部疾病。

（2）两掌摩运与俯身攀足，可循经按摩、牵拉膀胱经，刺激督脉和命门、肾上腺、肾俞等穴，加之起身时能有效牵拉足少阴肾经，可取得充盈经气、固肾壮腰的效果。

第七式　攒拳怒目增气力

1. 动作说明

动作一：接上式。身体重心右移；左脚向左开步，两腿徐缓屈膝下蹲成马步；同时，两手握固，收至腰间，拳眼朝上；目视前方。（图74）

图74

动作二：上动不停。左拳缓慢向前冲出，与肩同高，肘关节微屈，拳眼朝上，当肘关节离开肋部时，拳越握越紧，眼睛注视左拳并逐渐睁大；同时，脚趾抓地；目视左拳。（图75）

图75

动作三：上动不停。向右转腰顺肩；同时，左臂内旋，左拳变掌前伸，掌心朝外，掌指朝前；目视左掌。（图76）

图76

动作四：上动不停。左掌指向下、向右、向上、向左再向下依次旋腕一周，随之握固，拳心朝上；同时，脚趾抓地；眼睛睁圆，目注掌动。（图77）

图77

动作五：上动不停，左拳随屈肘收至腰间，拳眼朝上；同时，脚趾放松；眼睛放松，目视前方。（图78）

图78

右式动作同左式，唯左右相反。（图79～图82）

本式一左一右为1遍，共做3遍。

图79

图80

图81

图82

做完3遍后，身体重心右移，左脚收回成并步站立；同时，两拳变掌，自然垂于体侧；目视前方。（图83）

图83

2. 呼吸方法

动作一、五吸气；动作二、三呼气；动作四停闭呼吸。

3. 意念活动

（1）冲拳时意在命门，两眼微带怒气。

（2）旋腕时意在刺激手三阴、三阳经原穴。

4. 技术要点

（1）攒拳时，前臂与肘要贴胁肋部前送和回收。

（2）攒拳、旋腕、握固，要注意眼随手动。

5. 易犯错误与纠正方法

（1）冲拳时上体前俯、耸肩、掀肘。注意后顶虚领，沉肩坠肘，前臂擦肋，收髋敛臀，上体保持中正。

（2）旋腕动作掌指未绕立圆。注意旋腕时先屈腕使掌指朝下，再向里、向上、向下，以腕为轴立圆绕一周。

6. 功理与作用

（1）通过怒目圆睁、摩运两胁、强力抓握、脚趾抓地、马步下蹲等动作，使全身肌肉、筋脉受到静力牵拉，刺激了手三阴、三阳经的原穴和足三阴、三阳经的井穴，加强了肝的藏血、疏泄功能，具有强筋壮骨、增强气力的作用。

（2）冲拳时，通过保持髋关节和头部不动，加强了脊柱的左右拧转，利于提升脊柱的旋转幅度和灵活性，对调节脊柱小关节位置、维护脊柱健康有促进作用。

第八式　背后七颠百病消

1. 动作说明

动作一：接上式。立项竖脊，后顶领起，沉肩垂肘，提肛收腹，掌指下伸；同时，脚跟提起，脚趾抓地；动作略停；目视前方。（图84）

图84

动作二：脚跟徐缓下落，轻震地面；同时，咬牙，沉肩，舒臂，周身放松；目视前方。（图85）

本式一起一落为1遍，共做7遍。

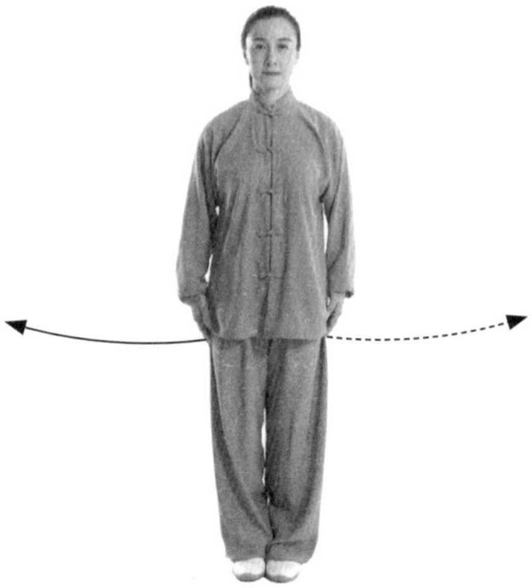

图85

2. 呼吸方法

动作一吸气，动作二呼气，在动作一形成定势前开始停闭呼吸。

3. 意念活动

（1）脚跟提起时意在后顶。

（2）下落震地时意念周身放松，百病皆消。

4. 技术要点

（1）提踵时，脚趾抓地、提肛收腹、后顶上领。

（2）脚跟下落时呼气，震脚咬牙，周身放松。

5. 易犯错误与纠正方法

（1）平衡不稳。注意脚跟提起后脚趾用力抓地，后顶保持领劲，控制重心稳定。

（2）震脚用力过大。注意缓慢下落，脚跟轻震地面。

6. 功理与作用

（1）通过拉伸脊柱、回落震动，可挤压椎间盘、震动脊髓、调整脊柱小关节位置，加之收腹提肛和膈肌升降，强化了对内脏器官的挤压震动，具有促使内脏、关节复位以及解除全身关节和肌肉紧张的作用。

（2）脚趾抓地和提踵，能刺激足三阴三阳经脉，发展小腿后群肌肉力量，提升人体平衡能力。

收　势

1. 动作说明

动作一：接上式。两臂内旋，两掌向两侧摆起约45°，掌心朝后，掌指斜朝下；目视前方。（图86）

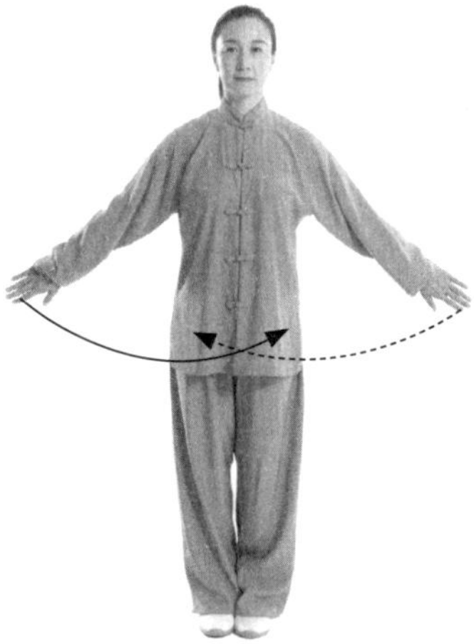

图86

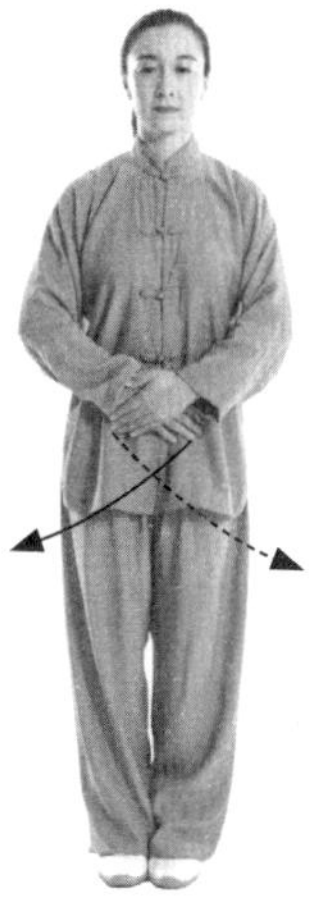

图87

动作二：上动不停，两臂外旋，两掌向前划弧至斜前方45°时，屈肘合抱至小腹，两掌相叠（男性左手在内，女性右手在内）；目视前下方，静养片刻。（图87）

动作三：两臂自然下落，两掌指轻贴于腿外侧；目视前方。（图88）

图88

2. 呼吸方法

动作一吸气，动作二呼气，动作三自然呼吸。

3. 意念活动

意在丹田。

4. 技术要点

体态安详，周身放松，气归丹田，静养片刻。

5. 易犯错误与纠正方法

收功草率。要从思想上高度认识收功的重要性，按照收功程序和要求将气息归元。

6. 功理与作用

引气归元，进一步巩固练功效果，并逐步恢复到练功前的状态。

第三章 健身气功·八段錦学练指导

第一节　学练方法

功法源于生活，成效取决于学练。融汇诸多练功窍要的健身气功·八段锦，要想获得理想的健身养生效果，最终依靠的还是学和练的结合。其中学是了解知识、掌握方法的过程，练是锤炼技能、提升境界的过程，二者相辅相成永无止境。根据由浅入深、由易到难、由术而道的学练规律，简要介绍以下一些学练方法。

一、站桩筑基

站桩是学练健身气功·八段锦的筑基功，既是练功入门的开始，也是登堂入室的金钥匙，贯穿在健身气功·八段锦学练的整个过程中。站桩作为一种养生锻炼的形式古已有之，早在5000多年前马家窑文化时期的彩陶罐上即彩绘浮塑有古人站桩吐纳服气的人像，至《黄帝内经》中“提挈天地，把握阴阳，呼吸精气，独立守神，肌肉若一”的理论阐述，已奠定了“独立守神”的站桩在中国内功养生中的根基地位。站桩的姿势可以说数不胜数，有“万法归于桩”之说，而且前人早已告诫练功者“入门先站三年桩”，其法自通，其理自见。健身气功·八段锦将抱球桩作为首选，誉为“练功第一桩”，作为功法的预备式，既是功法的基本身型，又是基本动作和基本功，可见其重要程度。整套功法动作之间均用站桩予以衔接，且功中八个主要定势动作也是一种站桩姿势，可以说健身气功·八段锦是在桩中行功，是始于桩、行于桩和止于桩。健身气功·八段锦之所以重视站桩锻炼，其首要任务是通过筋、膜、骨、肉之间的相对运动，使习练者的基本身型符合练功量度的要求，并逐渐固定下来成为自然和习惯。其次是通过站桩锻炼使习练者的形、气、神融为一体，达到疏通经络、调和气血、濡养脏腑、宁神静心、平衡阴阳的练功效果。

中正安舒是练好站桩的基本要求。俗话说，“形不正则气不顺，气不顺则意不宁，意不宁则神散乱”，古人还强调“尾闾中正神贯顶”。故中正安舒并非仅是对习练者身体外形的要求，实际是其身心合一的高度表现。中正，首先是指身型的中正，即后顶虚领、立项竖脊、沉肩坠肘、虚胸实腹、松腰敛臀、屈膝下坐、两足平踏的综合体现。要做到站桩中正，必须先要“苦其心志，劳其筋骨”，反复对头、颈、胸、背、腰、胯、膝、足、肩、肘、腕等身体部位进行调试、纠正，才能建立起正确的站桩身型。安舒是指站桩时强调心神要宁静、形体要放松。形体放松包括皮、肉、筋、脉、骨、膜、关节、内脏等的放松。开始时，先从肌肉、肌腱、韧带等的松弛入手，同时将意念贯注于所放松的形体之中，久而久之，自然意念和形体就会融合，达到神与形合、气寓其中的身心状态。站桩时结合意念活动进行形体放松，也可采用九节九窍法进行。所谓九节，是指颈、胸、腰、肩、肘、手、胯、膝、足九个身体的部位；九窍，是指对应身体九节的九个穴位，分别是大椎、神道、命门、肩井、曲池、劳宫、环跳、委中、涌泉。站桩锻炼时，意念中发出放松的指令，而后自上而下、由里到外、由点到线、由线而面按照大椎、神道、命门、肩井、曲池、劳宫、环跳、委中、涌泉的次序意想放松，之后再反复数次，形体即可放松，意念即可专一。随着形体放松、心神入静的加深，呼吸开始变得缓慢，内气开始启动，逐渐进入静养状态。此时只求恬淡虚无，但不可贪婪，应当见好就收。

二、由形入道

人的生命是形、气、神三者的统一体。在生命运动中，神主意、意帅气、气引形。初学健身气功·八段锦的任一动作，乍看好像与习练者的意识关联不大，其实还是无形的神、意和气在占主导地位。古人云："抱神以静，形将自正。"说明人只要真正能够做到静，形体自然就会中正。但这绝不是有些人理解的那样，练功只有练无形的意、气、神才是高层次的，而强调从有形的肢体活动入手就是初级的。其实，形、气、神作为人的生命构成要素，三者本身仅是功能不同，但并无高低贵贱之分。何况习练者要达到真正的练功入静，并不能一蹴而就，而是需要相当的练功实践的。加之很多人又把入静描述得过于玄妙，更是让习练者觉得无从下手、无迹可寻，往往成为习练者学练气功的最大障碍。古书有云：是以摄生之士，莫不练形养气以保其生，未有有形而无气者，即气之与形，相须而成。由此可见，古代养生家虽然重视神和气的锻炼，但从未忽略形体的运动。《中和集》曰："身心合一，神气混融，性情成片，谓之丹成，喻为圣胎。"说明身心合一、形神兼养才是学练气功的全部内容。历代流传的八段锦均是以形体导引为主，强调通过肢体的规律性锻炼，全身从上到下、从里到外对筋、脉、骨、皮、肉和五脏六腑等进行调理，而神意气自在其中，从而取得每一式应有之练功成效。八段锦此种由形入道的锻炼方式，利于帮助习练者逐渐体会、理解练功养生的要义，成为八段锦在历代广泛流传的重要原因之一，也成为今人学练健身气功的捷径。

健身气功·八段锦对形体的锻炼包含静态和动态两种形式。静态的形体锻炼主要是以站桩为主，具体体势和学练要求前文已述。动态的形体锻炼主要结合功法动作进行，目的是使习练者掌握功法动作的方法、规格和要领，逐渐纠正不利于人体气血流通的错误姿势，建立起符合练功要求的功法动作，进而从形入手抵达完美身心的境地。学练健身气功·八段锦，首先要抓住基本身型、手型和步型反复练习，直至达到规格要求。俗话说“行家一出手，便知有没有”。很多人练功多年，却总是让人感觉动作不规整，内在的劲力、韵味和精气神体现不出来，很大原因就是缺乏站桩等基本功的锻炼。学练功法动作时，要先求方、后求圆。所谓求方，是指学练功法时动作的起止点、方位角度要到位，路线方法要清晰，动作造型要工整。旨在抻筋拔骨、动贯梢节，强化筋膜骨血肉和五脏六腑的相对运动并牵动全身经脉之气流通，利于之后放松形体、和畅经脉，有更易形神、强身塑形之妙。所谓求圆，是指每个动作运作要圆，动作中肢体转动的角度要圆，即使动作是直线或棱角比较明显，也要注意直中求曲、外方内圆。圆则动作柔和绵连，气机活泼自然，意动隐于形内，可减少形体紧张对血管的压迫，敛气入内而不浮于外，意念贯穿全身而浑然一家，以此来调和气血、养护心神，渐臻形神俱妙之境地。此阶段还要注意分清虚实、上下相随、节节贯穿、劲力顺达、动中求静、完整一气。之后，再逐渐体会“三调”间的内在联系，达到动作运转自如，意念进入恬淡，呼吸形成自调，逐步进入三调合一的身心境界。

三、实践体悟

健身气功·八段锦动作虽然简单，但要练功取得成效、身心境界得到提升，实践体悟是不二法门。科学研究表明，习练健身气功的功夫越高，脑细胞活动的有序化程度也就越高。但这种生命状态的形成不是学练一招一式就能得到的，而是需要长时间的实践，特别是心脑并用、以身感之、用心悟之，一点一滴地积累才成。俗话说，“纸上得来终觉浅，绝知此事要躬行”。要想学练好健身气功·八段锦，必须把练功的道理和要领练到身上，方能得健身养生之效。“功练千遍，其效自现”，意思是说没有一定练功时间的积累，功夫是上不了身的，功夫就是时间。在学练健身气功·八段锦方法正确的前提下，随着练功时间的积累，身心才会发生由量到质的变化，形成有序的良性生命状态。实践体悟健身气功·八段锦要不失本元，要围绕调身、调息、调心进行，要遵循运动技能的形成规律，不超越练功阶段，不违背练功原则及功法技术、理论方法、特点和作用。

健身气功·八段锦的实践体悟主要包含两个方面，一是要勤学多练，二是要深思多悟。勤学多练是重要因素，但不是决定因素，决定因素是明理、晓法。孟子云：“大匠能与人规矩，不能使人巧。”规矩是可以传授的，但技巧是需要自己实践体悟进行总结，即所谓“师傅领进门，修行在个人”。健身气功·八段锦的功法动作不需要习练者过多考虑，因为它已是按照身心健康的需要规范设计好的程式动作，只要原汁原味地学练即可。因此，实践体悟的重点是要做到明理，并把明白的道理练到身上。明理是从不同角度和层面来讲的。譬如，可从体悟各式动作的规格、要领入手，渐而再体悟功法中形、气、神融合的不同层次等。再譬如，可结合口诀体悟每式动作的身心变化和健身效果等。学练健身气功·八段锦，是一个漫长的过程，永无止境，需边实践边体悟方显大效。一层功夫有一层道理，一定境界有一定体悟，功夫不到，耳听为知，终属虚妄。尤其需要指出的是，同一个实践体悟的内容或主题，因习练者的学识、经历、环境等存在差异，人的身心感觉可能会大相径庭，这就需要习练者必须树立正念，把实践体悟的方向放在强身健体、祛病延年的范围，切忌追求奇异，反损健康。

四、把握火候

古人云："圣人传功不传火，古来火候少人知。"所谓火候，是指对姿势、呼吸、意念及练功时间等方面的要求和度的把握。实践证明，练功是否有成效，关键在火候。练功火候不到，就难收到应有的锻炼效果；练功火候太过，又不能练到好处，甚至会招致身心不适，轻则疲乏、胸闷、头痛、脑胀等，重则甚至练功出偏。由于学练者自身的身心状况及练功的时间、层次等因素差异，练功火候的灵活性比较大，实在难以掌握，故历来多视火候为练功之秘钥概不外传，即使有开明者愿意谈之，往往也是让人感到隐晦难懂，在实践中难以照搬照用。练功火候之说虽没有系统阐释，但可以用清代黄元吉"圣人之道，中庸而已。中庸之道，顺其自然而已"的论述予以把握。黄元吉所言中庸之"中"，其实就是讲分寸、言适度，落到最后就是要顺其自然。因为只有顺其自然才能符合每个人练功所需的度，而每个人练功的度又是不一样的，虽无法用一个客观指标来准确把握练功火候，但学练者只要真正明晓“中”的内涵，练功时自可临机权衡、体悟精微地把握好火候。

把握健身气功·八段锦的练功火候，重点是练功中对形、气、神等运用的量和强度要适度。从练功姿势角度来看，可根据学练者的具体情况，在动作尽量做到规范的前提下可以有小的调整，这种小调整可能对祛病强身更有帮助，但调整的标准必须是舒适自然，待功夫提高后再做到规范。对有难度和一时做不到位的动作，更应降低标准，量力而行，不攀比。例如，健身气功·八段锦中马步较多，练习中姿势的高低就要根据自己的腿部力量灵活掌控。又如，“两手攀足固肾腰”一式，高血压、冠心病、年老体弱者，向下俯身可不超过90°。从呼吸角度来看，除非特殊需要，一般以自然呼吸为好，切忌强呼硬吸、强领硬闭，经过一段时间练功后，呼吸自然会变得柔和、细缓、均匀、深长，并逐渐过渡到腹式呼吸。从意念角度来看，要做到古人所云的“不可用心守，不可无意求，用意着相，无意落空，似守非守，绵绵若存”，就是练功时既不要忘了有意念活动，但也不要刻意追求，更要防范意守强度过大。健身气功·八段锦强调以练形为主，初学练时可能暂时体会不到呼吸、守不住意念也不要急，只要循序渐进地进行锻炼，经过一个阶段的练功后，形气神三者自然会水到渠成地融合为一。把握健身气功·八段锦的练功火候，还包括练功频次和负荷要适度，需自己用心去体悟。总的来说，可根据学练者的健康状况和练功进度来确定，对火候的把握应“以养为要，以不伤为本”“要小劳，无至大疲”，只要留有余地、留有余兴、留有余力，以第二天不感到疲劳即为适度。

五、修养心性

尽管人们学练健身气功·八段锦的目的、层次等各不相同，但要取得最优化的练功成效，仅靠形体活动、呼吸调整和意念运用的功法锻炼是不行的，还必须要加强心性的修养。修养心性既是练功的基础和保证，也是练功的基本内容和在日常生活中的扩展。古代养生家对此是有着深刻认识的，他们教授弟子往往不是先传授功法，而是要求先行“炼己筑基”之功。所谓炼己，就是修养心性。《金丹论证》云：“己，即我心中之念。”《乐育堂语录》说：“炼己之功，即是炼心。”要将心性练到“因耳逐声以用听，则炼之以不听；目逐色以用观，则炼之以不闻；心逐感以用交，则炼之以不思……”的境界。健身气功·八段锦本是强调练形为主，为何又要重视心性的修养？因为练功虽有练形、练气、练意之不同，但三者是不能截然分开的，健身气功·八段锦强调练形只是把意气统一于形，实际练功过程中神意仍是处于主宰地位。而“意为气之帅”，学练者原本可凭借自我意识更好地控制生命运动，但生活中的不良刺激一旦产生不良的意识冲动，引起七情的偏激，就会导致体内气血循行失常，从而危害自身健康。《抱朴子·内篇》中告诫说“若德行不修，而但务方术，皆不得长生也。”《黄帝内经》则指出“所以能年皆度百岁而动作不衰者，以其德全不危也”。

涵养道德是心性修养的主要内容。现在学练健身气功·八段锦的人，多注重功法的锻炼，而常常忽略心性的修养。虽然大多知道“练功不修德，必定要着魔”“功从德上来，德为功之母”等格言，但多未能落实到实践中去。功法锻炼中运用意识，是增强神、意对形和气的控制能力，从而强化学练者自身的生命运动。涵养道德则是意识活动在受到外界严重干扰的情况下锻炼意识的自我控制能力，可以说是更高层次的调心锻炼。一个人的练功时间总是有限的，只有在生活中始终注意涵养自身的道德，方能使精神宁静而不浮躁，意气中和而不偏颇，促使练功逐渐达于道，而不是滞于术，即所谓“道生之，德蓄之”。到底如何涵养道德？首先要转变观念、增强自觉。要深刻认识生活中如不注意心性的修养、道德的涵养，即使功法练得再好，也是枉然，应以积极的心态面对社会生活中各式各样的矛盾。其次要如理践行、以事炼心。要在生活中自觉地陶冶性情、砥砺意志、与人为善、树立正念、克己奉公和克服偏执，力求做到“无事时，敬在里面；有事时，敬在事上；有事无事，吾之敬未尝间断”，从而保持心情、情绪和感情的平稳。再者要反观内省、累功积德。在“人生不如意者常八九”的生活环境里，注重一时的道德涵养容易，难的是时时刻刻涵养道德，更难的是在大是大非面前能把握住自己的情绪，控制好自己的心情，不生不切实际的妄念，这就需要学练者不断地反省、超越自己，进而形成良好的心理平衡，维护内环境“阴平阳秘”的有序化，保持健康的最佳状态。

第二节　习练要领

学会了肢体动作，掌握了动作路线，明确了呼吸、意念的运用方法，要进行健身气功·八段锦的功法锻炼，还必须把握功法锻炼中的一些规律性要领，否则就会事倍功半，甚至事与愿违。

一、立身中正，虚实分明

立身中正是健身气功·八段锦身法要领中的纲领。中正，主要是指身体的中正。书画家认为，“身正则笔正”“笔正则字正”，故行走坐卧无不注意中正之姿。健身气功·八段锦练功时保持身桩端正、立身不偏，中气才能贯于心肾，通于脊骨之中，行于四肢骨髓之内，自得养生保健之效。立身中正即中庸之道，不偏不倚，无过无不及。练功不仅在定势、静态时身体要保持中正，而且行功中身体也要时时处处保持中正，且要做到正时亦正、斜时亦正。譬如，“两手攀足固肾腰”一式，当上体前俯用手攀足时，看似整个身体从腰部做了折叠，然中气贯穿其中而能寓其正。所以，立身中正全在“以心中浩然之气，运于全体，虽有时形体斜倚，而斜倚之中自有中正之气以宰之”。全身上下中气贯通，周身内外一气流转，自然中正不偏。保持立身中正，实际是身法诸多要领的综合运用和正确落实。做到立身中正，关键环节有两个，即头顶上悬和尾闾中正。古拳谱云：“尾闾中正神贯顶，满身轻利头顶悬。”尾闾首先要调正，做到与脊椎成一直线，头顶上再轻轻悬起，就能拉伸脊柱上下贯通，精神提起神贯顶，进而整个身体达到中正不偏。学练健身气功·八段锦，“立身必以端正为本”，不论站桩、行功都要中正不偏一气存。当然，这些要领并非一下就能做到，需在实践中反复锤炼。

人之有形，不离阴阳，更有虚实的变化。习练健身气功·八段锦虚实需分清楚，即虚实无时不有，虚实无处不在，虚实相互渗透、相互转化。不懂虚和实，就练不好健身气功·八段锦。在形体上，手分虚实，脚分虚实，周身上下、四肢百骸无处不分虚实。以重心变化分虚实时，凡身体重心所在的部位为实，偏离身体重心的部位为虚。如“摇头摆尾去心火”半蹲成马步并重心左移（或右移）时，身体重心所在腿为实，重心不在腿为虚。以身体上下部位分虚实时，一般下肢为实，上肢为虚，体现“上虚下实”的原则。如“两手托天理三焦”两手托天时，两腿为实，两臂为虚。以用力力度分虚实时，一般用力大者为实，用力小或不用力者为虚。如“攒拳怒目增气力”出拳时，出拳手为实，腰间拳为虚；再如“调理脾胃须单举”的上举掌为实，胯旁之掌为虚。以定势和各势之间的动作衔接分虚实时，则功法中的八个定势为实，其他动作衔接为虚。在意念上，意念所注之处为实，意念未注之处为虚。如“两手攀足固肾腰”上体抬起时意注命门，则命门部位为实，其他部位为虚。其实，虚，不是全无力量或意无所注；实，也不是全部落实或意无旁注，只是比重各有所偏而已。克服实为全实、虚为全虚的措施是用两脚重心或意念进行调节。如把意念活动放在“两手托天理三焦”上托的两掌上，则两掌与下肢相对应的虚，就会变成虚中有实，实中有虚，使虚实臻于平衡。之所以强调分清虚实，一是促使动作能灵活转化，机体方可张弛有度、耐久不疲，久久练习而不致困顿；二是对身体某一部位增加刺激，促进气机的通透流动。习练健身气功·八段锦时，形体的虚实、意念的虚实和气机的虚实往往是相并而行或交互作用的，每一个动作都有形体、气机和神意的虚实变化，需要细心加以体会，方得其中之妙。

二、腰为枢纽，手足相应

腰是身体胯上胁下的部分，所在位置前有肚脐，后有命门，命门两边是双肾，中间有腰椎椎体支撑上体，并连于骨盆，在体内则是下丹田位置。古人行功练拳总结出“命意源头在腰隙”“诀窍以两腰之中，两肾之间命门，为上下体之关键枢纽”的规律，故强调练功要“刻刻留心在腰间”。也就是说，腰为人一身之主宰，上下沟通之枢纽，左右转换之中轴，犹比机器负责动能传递的大轴，一旦断裂整个机器就会瘫痪，人体腰如不能发挥枢纽作用，练功养生就不可能取得大成效。从中医理论角度讲，腰为肾之外府。肾中藏有元阴、元阳化生阳气，注于气海以滋补全身。从运动学角度看，腰是人体动作运动链的最基本环节，直接影响着人体各种技能型身体运动的质量，该区域的神经往往是人体完成各种反射性和随意性肢体动作过程中首先被激活的部分，此部位的骨骼、肌肉的解剖结构和功能也大都具有支撑、保护和稳定肢体的作用，由此运动中强化对腰部的锻炼，可促使其骨骼、肌肉、韧带等逐步强壮，进而全面提高身体健康水平。故无论是练功家还是现代体育运动者，无不重视腰的锻炼和运用。

以肢体导引为主的健身气功·八段锦，练功同样强调腰是运动之枢纽。具体来说，有两层含义。首先，练功中要注意放松腰部。所谓放松腰部，是指练功时要把腰椎及其韧带和腰两侧肌肉等都松开，逐步改变腰部的生理弯曲至腰部伸直。具体做法是练功中要时刻注意保持头顶悬、尾闾下垂的上下牵拉之法把腰抻直，但绝不能硬挺后凸，待练功日久丹田气足后，腰椎脊柱自然就能向后伸直。腰脊能竖直中正，练功左旋右转、上下起伏运动时，才能中轴不弯、枢纽灵活。一方面能增强肾的功能，充足人体元气，并有助于气沉丹田，使上体气不上浮，下肢稳当有力；另一方面可使气血流通，保证腰主宰一身活动的职能，才能逐步达到“力发于足，主宰于腰，行于四肢”的境界。倘若腰部松不开，既会影响丹田蓄气、命门之火对水液的蒸腾作用，也可致阴阳升降失衡，浮阳上腾于面，出现虚阳上越的现象。其次，练功中要时刻注意以腰为主导，手足上下相随。腰系人体力源之所在，练功时手足四肢皆由腰予以带动，可见人体运动腰居于主宰地位。古人喻腰为“纛”“将帅”，喻手足为“旗”“兵卒”是很恰当的。士兵的行动必须听从将帅的号令，人体四肢的运动，必须严格按照腰带四肢、节节贯穿的要领进行锻炼，才能体现功法的特有劲道与功效。需要指出的是，练功虽强调以腰为主导，但练功时腰切不可任意为之，而应建立在松沉之上再求灵活，进而带动四肢躯体的活泼自然运动。

三、神注庄中，气随庄动

古人指出：“精气神无形之物也，筋骨肉有形之身也，必先练有形者为无形之佐，培无形者为有形之辅。若专培无形而弃有形既不可，专练有形而弃无形则更不可。所以有形之身必得无形之气相依而不相违，乃成不坏之体。”因此，练好健身气功的根本，是在练功过程中要抓住形、气、神三者的综合运用。对于健身气功·八段锦来说，需在练功中做到“神注庄中、气随庄动”的要领。这里的神是指神意、意念；庄是指姿势、形体；气是指人体经络之气。可见，所谓的“神注庄中、气随庄动”，也可叫作“神与形合，以形引气”。

古人认为练功“全身意在精神。苟神不在，意亦无存，虽手足舞动，可谓全无意思”。也就是练功徒有外形，而神外溢、心外驰，如此分心分神，则盘架行功只是空架子。“故盘架子时，精神必须内敛，使与肢体之运动，合而为一”，做到形与神俱、形体不蔽、精神不散，才能尽终其天年，度百岁而去。“神注庄中”的习练要领充分体现了上述思想，要求练功中意念与动作必须紧密结合，集中精神做动作。神与形合具有由外向内、由浅入深的发展过程，练功中很难一步做到位，可分层次逐步锻炼。初练功时，认真记忆动作并按要求调整形体，便会不知不觉把生活中的常态意识转化为健身气功特有的内向性意识状态中来，可以说是较低层次的神与形合。随着动作的熟练掌握和逐渐规范化，练功时可以全神贯注于每一个动作及其运动过程，且可从感知肢体的局部运动发展到使全身动的局部和不动的整体，都处在神与形合的状态，这样的神与形合已经是大脑发出的指令与形体动作的结合。当功法技术达到熟练自动化后，就可运用意念带动肢体运动，如此神与形进一步融合。之后，可以将意念与形体动作合二为一进行练功，既可意念全神贯注于功法动作，也可用神意体察体内之气的运行、变化。值得注意的是，体察只能是静观其变，绝不能存有分辨等主观意念，且意念越是宁静专一，体察就会越为深入、细致，神与形更加合一。鉴于神、形两者的关系是形受命于神，故神虽与形合，但不可被形体所束缚，而应是神意自然、活泼地指挥形体，时刻保持精神的灵明之性。

气随庄动，是指练功时要用形体动作引动人体经络之气流通。人体是一个以五脏为核心、以经络联系五脏六腑和四肢百骸的有机整体。人体的十二经脉分别连接着相应的脏腑和身体的各个组织器官，当强化锻炼身体某一部位时，就可牵动相关联经络之气的变化，使身体相应部分的功能得到增强。健身气功·八段锦的形体动作从上到下、从躯干到四肢乃至梢节，编创设计是全面细致的，已经考虑到每一式动作的健身效果及相应经络和穴位的刺激作用。所以练功时只要注意引动形体，就能把相应经络之气激发起来，并逐步向身体深层渗透。实践证明，正确的形体运动可以促进人体的气血沿着正确的轨道运行，错误的形体动作会导致人体气血的阻滞，故练功过程中时刻注意调整并保持身形合乎要求十分重要。人是形、气、神的三位一体，正确地引动形体，既可使原有的气血通道更加畅通，也有助于开拓更多的气血通道，并减少对神的不正常干扰，能够同步锻炼形、气、神，从而改善人体的生命功能。

四、形松意充，内外合一

形松意充是要求习练者在练功过程中既要做到形体放松，也要做到将意念充斥于形体内外。身体练功的任何姿势，都必须有一定的肌肉处于紧张状态，才能维持其要求的练功姿势。习练健身气功·八段锦所要求的形松，是指在保持练功姿势正确的前提下，最大限度地使肌肉、韧带、筋膜、关节、内脏等处于相对松弛状态，做到松而不懈、紧而不僵，使整个身体呈现出一种轻松舒适的状态和感觉。古人云："意气君来骨肉臣。"练功时要想真正做到形体放松，并非仅是在形体上下功夫，还要从精神上求放松。因为形体的放松必须是以精神的放松为前提的，倘若精神紧张而欲强求放松形体是难以做到的。练功所要求的意充，首先是指将意念充实到形体放松的部位，进而充斥于全身而渐达于外。意充与意守肢体虽近似，但意守肢体往往守在形体表面，而意充则是意念引导肢体放松后从内部充实贯之。练功是"外则无往非势，内则无往非气，势虽不同，而气归一”。又因“意之所至，气即至焉”，所以当意念充斥于形体之时，实际效果是气也随之充盈形体。形体放松，减少了肌肉收缩对气血流行的阻力，易于气血周流全身，利于心神收摄，使心平气和、情绪安宁。意充形体，使神内透于形而不外越，气随意注于内而强化濡养之效，保证了形体的功能得到充分发挥。由此可见，形松与意充二者是相辅相成的。形松而意不充，则身体松垮、体内“空虚”，运动形体属于操练“空架”状态；意充而形不松，则肌肉紧张、动作僵硬，神难入形、气难充于内，周身气机不畅。练功过程中唯有形松、意充并举，才能心安神静、意充气足、气机和畅。

习练健身气功·八段锦必须注意内外合一，保持身心乃至人天的整体性。内外合一有两种境界。首先是身心合一的境界。此境界的内，主要指心、神、意、气等内在的心志活动和气息的运行；外，主要是指手、眼、身法、步等外在的形体活动。“外”有三合，即手与足合、肘与膝合、肩与胯合，这是练功对形体动作的要求，强调手足、肘膝、肩胯的相互对应和协调配合。“内”有三合，即神与意合、意与气合、气与力合，这是功法内炼的前提和重要组成。人的形体动作受大脑思维和意识活动的支配，只有内在的神、意、气合为一体，外部的形体动作才能做得灵活自如。同时，外部形体动作的逐步规范，也利于内在神、意、气等因素的深化合一。所以，内与外是相互影响、相互联系的，外的合一取决于内的合一，而内的合一也要依赖外的表现。身心的内外合一，就是在周身六合的基础上，使皮肉筋脉骨、五脏六腑和心神意气相合为一，保证身心的周身一家和完整一气。其次是人天合一的境界。人天合一不仅仅是一种思想，而且是一种状态。此境界的人，是指练功者自身；天，是指大自然。练功时将意念充斥于身体之外的大自然，再静观自身肢体的运动，久练则进入神入气中、气包神外、天地与我相应、万物与我为一的身心境界。要做到内外合一的习练要领，在练功过程中需多从松、透、充三字上下工夫。神意充透形体，形体已是松通，自然气血全身畅行、内外相连、上下相和、左右相应，日久练功身心自然能内外合一。当神气充足于形后，意念对外界的感知能力随之增强，并可透出身体向外充斥，逐渐与大自然之气相合，借此强化人体之气，增加人体之气的通透能力。

五、动静结合，练养兼之

宋明理学代表人物朱熹曰："天地之间，只有动静两端，循环不已，更无余事，此之谓易。"《太极拳论》指出："太极者，无极而生，动静之机，阴阳之母，动之则分，静之则合。"由此可见，天地间万事万物均在于动与静的辩证统一，动阳、静阴、动开、静合则是其动静相生的规律。习练健身气功·八段锦，既要做到动中求静，亦要注意静待其动。练习功法时"身虽动，心贵静"，也就是说，外在的四肢百骸要依照功法规范动起来，但内在的精神活动却要相对静下来，且静的程度越是彻底，就会静极生动，越能发挥出"心为令，气为旗；神为主帅，身为驱使"的功能作用，使外在肢体动得更为深刻。即使纯是外在肢体的动，也需在连绵不断中求得"虽动尤静，动中寓静"的感觉。如八个定势动作闭息抻拉时看似停顿，身心实已做好下一势运动的准备，即是动而复静、静中有预动的状态。所谓心静，其实也是相对的静。宇宙万物的动是绝对的，静是相对的，练功中意念虽然千变万化，但"动亦定，静亦定"，定才是心静的终极所求。日常筑基多站桩，属于静功练心的范畴；平日行功多练套，属于动功练身的范畴，但同样存在“静未尝不动，动未尝不静”的内在规律。因此，无论从何种层面来看，健身气功·八段锦均是动和静的有机结合及其合理搭配。练功时“其动其静，则必有所以动静之理”，古人指出“动静是气也”，而气血贵在流通，所以强调练功要“动之则开，静之则合”，其目的在于更好地疏通经络、调和气血、平衡阴阳。

习练健身气功·八段锦光练不养不行，光养不练也不行，练和养必须要有机结合，即古人所说的“一张一弛，文武之道也”。健身气功·八段锦的练养结合，包含有狭义和广义两层意思。狭义的练养结合，是指每次练功时练与养的有机结合。这里的练，是指形体运动、呼吸调整与心理调节有机结合的锻炼过程。养，是通过上述练习，身心出现的轻松舒适、呼吸柔和、意守绵绵的静养状态。从形体运动来讲，开与展的形体运动是练，合与收的形体运动是养；八个定势动作是练，每两式动作之间衔接的站桩是养；做一个练功姿势是练，变换练功姿势之间刹那的停顿，往往形断而意不断则是养。从呼吸来讲，做动作配合呼或吸时是练，呼与吸之间的停顿又是养。从意念来讲，用意强时是为练，用意弱时则为养。每次练功过程中的练与养，两者虽有区别，但绝不能截然分开。如做八个定势动作的幅度一般较大，从动作角度看是开、展为练，但此时往往要求闭息，故从呼吸角度则又是养，可谓是练中有养、养中有练，两者相互依存。中医理论认为，气血流通即是养。健身气功·八段锦同样是以通为养，由此练功时在安排练习的时间、数量、强度，以及对动作的呼吸意念等方面都不要单纯追求量大，最好是以身心舒适为度。实践证明，练功中若能细致抓住练与养的有机结合，精神境界就会深入到更高层次。广义的练养结合，是指日常练功与自我调养的有机结合。主要是要求习练者既要刻苦练功，也要注意生活调养，并能建立“食饮有节、起居有常、不妄作劳”的健康生活方式，将有益于保持自己的精力始终旺盛而不疲乏，有助于增强练功养生的效果。

第三节　练功阶段

习练健身气功·八段锦有个从初始的筋、骨、皮、肉的锻炼，逐渐向精、气、意、神的锻炼深化发展的过程。在这个转变的过程中，虽然“一层有一层之景致，一层有一层之灵验”，但实质是一个由量变引起质变、质变又引起新的量变的不断交替、深化的过程。练功阶段之间由于相互渗透而很难截然分开，且因习练者的健康水平、文化底蕴、用功程度和身心感悟等不同而存有较大差异。为便于习练者掌握练功规律，将练功分为四个阶段进行阐述。

一、塑形学法、抻筋拔骨阶段

尽管健身气功·八段锦是形、气、神三位一体的综合锻炼，强调练功要做到神与形合、气随形动，但练功起始阶段必须先从塑形上下功夫，之后再求形神意气的深化融合。如果开始练功不求姿势正确，习练者的形体塑造达不到练功的要求，就难以掌握练功要领，形神意气的合一也就更无从谈起。练功开始阶段要着力加强身型、手型、步型和站桩等基本内容的反复锤炼，并认真记忆功法动作和运行路线等，对呼吸、意念等可不做要求，顺其自然即可。此阶段练功应像学书法要先写好正楷一样，外在的形体动作要尽量做到横平竖直、有棱有角、方向正确、路线清晰、动作规范，争取招招合章法、势势落到位，切不可急于求成、潦草从事。刚开始练功，习练者肌肉运动的感受刺激传入了大脑皮层，但因大脑内部的抑制尚未确立，大脑皮质中的兴奋与抑制都是呈现扩散状态，往往感觉肌肉僵硬不协调，手脚呆板不灵活，动作别扭吃力，技术粗糙有多余动作。所以此阶段练功要学会慢，只有慢才能有时间静下心来用心记忆和体会功法动作，并逐渐形成正确的技术规范。这种练功方法看似进度缓慢、有束缚感，但能为今后练功打下良好的姿势和动作基础。正所谓“学拳容易改拳难”，反而是开始练功就贪快求全者，其结果往往是本末倒置，今后练功可能要走很多的弯路。

在练功初始阶段，为塑造一个规范的形体动作，也为更好地牵动全身气血运行，尽快获得良好的健身效果，练功往往强调要抻筋拔骨。为何筋要抻、骨要拔？古人云：“筋乃人身之经络，骨节之外，肌肉之内，四肢百骸，无处非筋，无处非络，联络周身，通行血脉，而为精神之外辅，与骨配合。”“如人肩之能负，手之能摄，足之能履，周身至活泼灵动者，皆筋之能挺然也。”骨是指“骨节”，“骨节者，骨之空隙也，乃人体之壑谷，转动之通灵敏捷，为神明所流注”。由于“肌肤骨节，处处开张”之时，才是人之形体运动变化的最大状态。所以，练功过程中有意识地对拉拔长筋骨，就等于是对全身筋骨皮脉肉等进行了强化刺激，自然练功塑形、引气的效果也随之增加。拔骨是靠抻筋完成的，因为骨头之间主要靠韧带连接，韧带拔长后骨节自然就能松。譬如，“两手托天理三焦”双掌上托定势时，要注意头上领、手掌用力上托、脚趾抓地下踩、中间腰部放松，身体自然就会形成上下对拉拔长的状态。当然，不同的动作有不同的抻筋拔骨匹配的方法，这是需要习练者根据自己练功的情况加以适时选用和细心体会的。总的锻炼原则是既要将身上的肌肉、韧带拉长，又要保持肌肉、韧带自身的韧性，虽有些许的抻拉感甚至痛感，但不能超越肌肉、韧带的承受力。实践证明，练功初始阶段强调抻筋拔骨，不但能提高练功质量、锻炼效果，而且可为进一步提高功法技术奠定基础。

二、掌握要领、熟练技法阶段

俗话讲，没有规矩，不成方圆。在练功起始阶段初步感知功法、记忆动作的基础上，要想练功不断提升层次，也必须掌握好相应的规矩。这个规矩的重要组成包括习练要领和熟练技法。此一阶段进行练功，首先是要掌握好习练要领。在练功过程中，要时刻按照习练要领细心体会每一姿势是否达到要求，也可拿出一个典型姿势专门体验各项要领是否已经做到。练习每一姿势，都要用心感觉身体是否做到中正，重心比例虚实是否已然清楚，是否是以腰为主导，肢体用力顺序是否节节贯穿，形体放松了没有，精神提起来没有，手和脚的位置是否恰当顺遂。如有不合习练要领之处，应即予以修正。如此刻刻留心、势势留意、有的放矢、反复锤炼，方能做到真正合乎练功要求。此阶段练功仍要注意慢而不快，在慢中多磨练、细揣摩、练精细，才能找到感觉，练出成效。其次是要熟练好技法。技法是练功技术与方法的融合，是练功养生进入高层次的实践形态。健身气功·八段锦的技法既含有身心运动之法，也含有功法姿势之架，还含有演练气韵之动。对于习练者来说，掌握习练要领意味着身心运动之法和功法姿势之架已经是基本掌握，下一步练功重点应放在提升演练气韵之动上。这里的气韵之动，主要是指在练功中要充分体现出本功法的特点、风格、意境和韵味等，其内在实质是对身与心、形与意、气与形、呼与吸、松与紧、动与静、上与下、内与外、升与降、虚与实、养与练等关系的正确处理，表之于外是功法演练中对节奏、虚实、刚柔、形神、劲力等的把握和展现。由此可见，气韵之动是练功由内而外、由形到神、由力度到动律等构成的矛盾统一体。此阶段练功同样需要在实践中反复揣摩体悟，也需要多种途径加深对中国传统文化内涵的理解和感悟，才能逐渐把握形、神、意、气之间的运用之巧和配合之妙，充分理解并体现出本功法的特点、风格、内涵和意境之美。

需要指出的是，此一阶段的呼吸调整，可先结合典型动作，按照起吸落呼、开吸合呼的规律进行专门练习，之后再有意识地与动作配合练习，并逐渐形成细、匀、深、长的腹式呼吸。这一阶段的意念运用，已是从单纯注意形体动作，逐渐发展到或体察呼吸与动作的配合，或体察劲力的运行等方面。通过持续不断的练功，此阶段习练者大脑皮质的兴奋与抑制在时间与空间上逐渐集中与协调，特别是对于僵硬、多余动作的分化抑制加强，不仅前一阶段存在的许多错误动作能够得以消除或纠正，而且功法技术将逐渐变得更为连贯、协调、规范和熟练。但是，刚刚建立的功法技术的条件反射还不是很稳固，一旦遇到新的刺激就会出现错误技术，甚至已经建立起来的技术定型还会消失。此阶段的练功，确实是重在反复实践体悟，只有不断掌握强化正确的习练要领和技术方法，使习练者的形、神、意、气能够组合凝固成一个有机的整体，如此方可在举手投足之间合乎练功要求，体现功法特点和风格，促使身心境界持续提升。

三、形神俱妙、自动有序阶段

古人认为，形（身）和神（心）是构成人体生命的两大要素。形与神的关系是“形恃神以立，神须形以存”，两者相互依赖、互根互用。健身气功·八段锦虽是以肢体活动为主，但“人之运动，以意为始，以形为终”，说明本质上习练者的意念是决定形体运动正确与否的关键因素。从形与神的角度审察整个练功层次的进阶，存在由外在“形练”逐渐向内在“神练”，外在肢体形象体验逐渐向内在心灵体验不断转变的过程。反之，随着练功层次的渐次提升，必然会导致人之精神境界和物质形体的不断改变。练功至形神俱妙阶段，人体内部的气化过程已经很是旺盛，气机通达且极为有序、协调，神意不仅能得到气的充分供养，而且能够充分发挥意为气之帅的功能。通过强化人之气的周身运转，促使形与神的更加紧密融合，意念更加专一，呼吸进入自调，肢体动作轻灵含蓄、运转自如，做到意动形随、气贯形中、气到劲到、势随神移。这种形、气、神的运动状态是常年坚持练功，技术定型后才会产生，正所谓“明规矩而守规矩，脱规矩而合规矩”。在日常练功中坚持形中寓神、神中合形、神形兼备，日久功深做到“外忘其形而成其形，内不知其神而达其神”是顺其自然之事。

练功至形神俱妙，随着对习练要领和气韵之动的反复锤炼和体悟，建立的运动条件反射达到了非常稳固的程度，并能根据周围情况的变化而自动调整动作，顺利完成整套功法的操作，此时习练健身气功·八段锦即进入了自动有序阶段。其主要特征是，功法练习形成自动化，动作柔和缓慢、虚实相生、体态安详。动则以气运身，犹如人在气中、气在人中，周身一气、浑然一体。意念恬淡虚无，识神退位元神主事，三调融为一体。自此，练功由“以外导内转入以内导外”，身心处于一种高度和谐，实现了人与自然界的交融，步入“天人合一”的境界。

实践证明，功法练习达到自动化阶段后，随着练功境界的提升，功法的操作技能仍会有所提高。与此同时，习练者要想保持自动有序的高水平功法操练技能，仍需要持续不断地练功予以保证。需要指出的是，虽然此阶段建立的功法技术定型已经巩固，但此时练功主要由脑的较低中枢控制功法操作，如功法技术受到外界刺激而发生少许变动，很可能会一时未被觉察，等到一旦觉察时，可能变质的功法技术已因多次重复练习而被固定下来。因此，即使练功已经达到自动有序阶段，仍应注意功法操作的准确性，才能精益求精，再上新台阶。

四、守中致和、融于生活阶段

健身气功·八段锦虽然练的是功法，得的是祛病强身、益寿延年的成效，但其核心的理念是修心养性，追求的是身心境界的提升。要想达成上述目标，关键是要做到守中致和、融于生活。何谓“中和”，《礼记·中庸》指出：“喜怒哀乐之未发谓之中；发而皆中节谓之和。中也者，天下之大本也；和也者，天下之达道也。”意思是说心里有喜怒哀乐却不表现出来称为中；表现出来却能够有所节制称为和。中是稳定天下之本；和是为人处世之道。其实这句古话体现的就是适中的意思，告诉我们要在变化之中求得不偏不倚、和谐自然的境地。汉代大儒董仲舒强调：“仁人之所以多寿者，外无贪而内清静，心和平而不失中正，取天地之大美以养其身。”“能以中和理天下者，其德大盛；能以中和养其身者，其寿极命。”由此可见，无论是修身养性还是治理天下，都必须要遵循“中和”之道。立身中正是习练健身气功·八段锦的第一要领，其表面含义是强调练功首先要保持身体中正，其实已经暗含从练功伊始把握形神、意气、阴阳、虚实、动静、松紧、内外、练养等均需恪守中和的原则。之所以在此阶段才将守中致和、融于生活郑重提出，并不是之前练功不需要遵循，而是经过前几个阶段的练功积累，随着意念对形、气的支配作用加强，此时练功更需排除各种因素对神的干扰并增强意识的自我调控能力，方能更好地维持人体生命稳态，这也是练功能否完成由术而道跃升的根本所在。

此练功阶段，习练健身气功·八段锦尤其要做好两层功夫，一层是要守中以制外，另一层是要制外以养中。所谓守中以制外，是指通过加强功法锻炼，进一步优化由形、气、神三者构成的人体生命稳态，特别是要通过排除各种干扰、去除各种杂念，充分发挥神意的主导作用，在调节形神、平衡阴阳的基础上，追求人与自然的和谐统一。练功虽在身心，但优化的生命稳态利于习练者保持中和之性和健康向上的精神面貌，对和谐人际关系、积极融于社会和生活极有裨益。所谓制外以养中，是指通过在日常生活中加强对心性的磨砺，来进一步提升意识的自我调控能力，进而达到强化功法锻炼的效果。人与社会是一个整体，所谓的脱离社会专心练功，既不符合现今的社会实际，也难以取得真正的大成效。古往今来的实践证明，日常生活中注重修心养性、以德为重，恰如其分地处理好各种人际关系，不仅能使自己时刻保持中和之性，而且更利于形、气、神三位一体生命稳态的优化。在此阶段练功，唯有做到守中以制外、制外以养中两者齐头并修，且达到一定水准时，才能在之前练功基础上再达一个更高的层次。倘若只重视功法锻炼而不注重日常修养，或只注重日常修养而不重视功法锻炼，都很难提高练功的整体效果。古语云："执道者德全，德全者形全，形全者神全，神全者圣人之道。"练功达到形神合一、天人合一的境界，就是融贯天地的中和之道。

第四节　练功须知

练功过程是有其规律可循的，主要表现在习练者深化功法技术、理解文化内涵、优化生命状态和形成健康生活方式等过程内部一些因素的必然联系上。这些规律在练功过程中经常存在、反复出现，并显示出它的重要作用。弄清并遵循练功过程中的基本规律，有助于科学练功，提高练功的效率和质量。

一、明确练功目的

目的是人对参与活动结果的一种设想或规定。习练者进行练功不是无意识的、盲目的，而是自觉的有目的的。也就是说，在习练者进行练功之先，已经在观念中有了某种预期的结果或理想的目的。习练者之所以进行练功，也就是要引起自己的身心发生预期的变化，得到自己所需要的结果，这就是我们所说的练功目的。健身气功·八段锦作为一种独特的身心锻炼方法，其练功目的首先就是为了祛病强身、益寿延年。此目的不仅包含身体健康，而且包含心理健康，既能够"治未病"、促进康复保健，也能够护养生命、延缓衰老和开发智慧，并可以帮助习练者领悟中国传统文化内涵、陶冶道德修养，使习练者懂得做人的真谛而完善人生的价值。

虽然不同人群、不同时期树立的练功目的有所不同，但要想达成既定的练功目的，还在于坚定信心、决心和恒心。研究表明，人的心理活动可以影响生理活动。何况练功是着重通过意识调动自身内在的因素，从而全面提升健康水平。因此，练功要想取得自己预想的结果，更需要强调意念的调控作用，建立起坚实良好的思想基础。健身气功·八段锦是被数以百万计的群众实践和严格的科学测试检验过的功法，只要习练者能够按照功法的要求认真去锻炼，就能收到良好的练功效果。倘若能够坚信通过练功能使自己身心健康、相信自己能够练好功法；面对练功过程中遇到的困难和难关，不仅能下定决心克难而进，而且能够持之以恒地练功，从而就能充分发挥精神统率周身的能力，取得更加理想的练功效果，尽快达成预想的练功目的。

二、遵守练功规律

习练者应选择地势平坦、环境安静、空气新鲜（避免风口）、温湿度适宜和安全的地方练功，以减少新异动因的刺激，利于肢体活动、呼吸调整和调心入静。如果环境嘈杂、空气污浊、温度过高过低或湿度太大的地方，都会给身心带来不适感觉，有碍正常练功。故习练者一方面要尽量选择较好的环境，另一方面也应在练功中主动排除杂念，尽量消除外在环境的影响，日久练功自会适应外界的环境。如遇雷电、大雨、大风、大雾等恶劣天气时，习练者应停止练功。

功前准备不可等闲视之。服装要宽松合体、冷暖舒适，宜穿运动鞋或平底布鞋练功，功前要排净大、小二便，以利全身气机运行、肌肉放松和肢体活动不受制约。功前30分钟，应停止较剧烈的脑力活动或体力劳动，精神安定、心情愉快地准备练功。练习前饮用适量温开水有助于气血运行，但不要喝咖啡、浓茶等易使人兴奋的饮料。习练者过饱、过饥、醉酒或过度疲劳、大悲大怒以及情绪不稳定时，不宜练功。正式练功之前，要结合功法主动做一些抻拉肌肉、活动关节的热身运动，既利于防止练功受伤，也利于尽快进入练功状态。若是身心疾病患者，务必遵从医生建议，并做好健康监督、评价和控制，以确保练功的安全性。

练功要注意循序渐进。无论是练功的运动负荷还是练功的难度，都要遵循从简到繁、从易到难、从少到多的原则。练功要通过锻炼时间和运动量的积累，才能掌握功法，取得成效。但也不是运动量或运动强度越大越好，而应根据自身具体情况确定合适的量度。此外，由于存在年龄、身心素质、健康水平等方面的差异性，不同习练者对掌握功法以及承受同一练功负荷的能力也不尽相同，所以习练者之间切忌相互攀比学练进度或强求承受同一运动负荷进行练功。

练功贵在持之以恒，切忌“三天打鱼，两天晒网”。再好的功法，若没有练功时间的保证和运动量的持续刺激，练功的成效也不会自动而来。每天坚持练功，利于人体形成稳固的条件反射和良性的生命稳态，有助于练功效果的获得。此外，持之以恒的练功，养成健康的生活习惯，还能磨练习练者的意志，也是练功提高质量和效益的重要因素。

要按照功法要求的技术规范和习练要领认真练功。功法中的姿势、呼吸和意念都有其特定的内涵和作用，习练要领也是古往今来养生家实践经验的总结和提炼，习练者对其掌握的程度如何，与锻炼功效的关系极大。练功时应细心体会、反复实践，力求能够尽快遵照功法的技术规范和习练要领准确锻炼。但是，习练者也要注意灵活练功。练功不要苛求一步就做到技术规范和掌握习练要领，要善于分解技术、分解要领，逐个攻克难关，也要灵活运用日常时间拆解功法，采用单节或单动强化练功，或者从降低功法技术难度开始练功，再逐渐达到技术规范要求。总而言之，练功要以松静自然为原则，不能违背人体正常的生理、心理规律，超越自己的能力强行锻炼。要不断纠正自己偏颇的形体动作、呼吸运用和意念调控，使之逐渐符合练功量度的要求。练功过程中要尽量避免突如其来的噪音和巨响等情况的发生。一旦意外受到惊吓，万万不要紧张和恐惧，可暂停练功，待找出原因并消除刺激因素，使情绪和心情安定舒适后，再开始专心练功。

要高度重视练功的起势、收势环节。起势、收势看似动作简单，实际对于提升练功质量非常重要，切忌草率行事。起式是正式练功之开始，既是把习练者从日常生活状态过渡到练功状态的必要措施，也是调整形、气、神使之符合练功要求的必要准备。犹如一年之春蕴藏生机，做好起式可帮助习练者尽快进入凝神静气、形松意充的练功境界。收功之作用，一是可调和练功过程中流注全身的气血，使其从炼气转为养气，并起到引气归于丹田的目的，二是可使习练者从练功状态逐渐恢复到正常状态。练功全过程有如辛勤的耕作，收功则是秋收时的颗粒归仓。若不收功或草率收功，运转全身的气血就不能归元，如此日久必会造成元气亏损，不仅得不到强身健体的效果，很可能还会自损身心健康。练功结束时，可依据自身实际情况，做些搓手、浴面等整理运动，切不可随即坐卧不动、参加剧烈活动以及进行冷水洗浴等。

练功还要注意尊师贵道。所谓尊师，是指尊敬教学功法的师长，重视老师对练功的教导。古语曰："古之学者必有师。""三人行必有吾师。"在练功进步的过程中，除了传授功法技术的老师外，还有许多引导自己进步的同仁，这些也都是自己的老师。"见贤思齐，见不贤而自省心"，意思是见到好的要学习，见到不好的要警惕自己不能犯类似的错误。练功重在实践体悟，而一个人的实践是有限的，若平时多与他人交流心得、探讨问题、总结规律，可以帮助自己深化认识、科学练功。凡能从不同角度、不同程度启发自己练功的，更需尤为尊重。其实尊敬别人就是尊敬自己，把周围的人都视为自己的老师那样给予尊敬，就能够保持自己的恭敬之心，利于精神集中、宁静而不浮躁地练功。所谓贵道，既是指练功要珍惜自己所学的功法技术和知识，认真加以练习提高；也是指要真正理解中国传统文化的科学内涵，不断增强自己的分析鉴别能力，以防被歪理邪说所欺骗。

三、正确对待反应

刚开始练功的习练者，在练功后的第二天乃至以后几天，常常有肌肉酸痛的感觉；有些经常练功的习练者，在突然加大练功负荷后，也会出现肌肉酸痛的现象。其实，出现上述肌肉酸痛多属于生理现象，是人体对练功的正常反应，不必因过于担心而不敢继续练功。但是，也要注意练功的负荷不要过大，以防造成身心过度疲劳等问题，反而影响练功的整体进展。

在练功过程中，习练者可能会出现手足温暖甚至微微出汗现象，也会出现心情舒畅、精神愉悦、头脑清醒、全身舒适等感觉，还有的会出现食欲改善、唾液增加、面色红润等现象，这些都是练功改善身心的反应，基本属于练功的良性反应。练功到一定程度后，习练者体内可能会出现热、凉、麻、痒、轻、重、大、小、有蚁行及肌肉跳动等感觉，甚至有些人还会出现幻觉、幻象等现象。其实，这些反应都是体内气机变化的表现，对此既不要惊慌失措，也不要好奇追求，而是要在神意中保持自然、任其来去、不理不睬。上述反应均是练功过程中某一阶段的反应，继续练功很快就会过去。需要提醒的是，并不是任何一个习练者都会出现上述练功反应，也不是任何一次练功都会出现练功反应，更不是一出现练功反应就会各种反应一并出现，其实即使是习练者不出现任何一种练功反应，只要安心练功也会取得理想的练功效果。

练功过程中，若不遵循功法的技术规范和习练要领锻炼，或者因急于求成、受到不良心理的暗示等因素影响，也有可能会产生某些异常的心理、生理变化，出现各种不同的异样感觉。这就不属于练功的正常反应，需要引起习练者的高度重视，及时采取措施加以纠正和弥补。练功过程中，对于正常、异常的练功反应和因练功不当导致旧疾诱发的现象不能正确区别时，习练者首先应暂停练功，并及时向有经验的老师报告情况，共同分析出现的反应是否正常，有没有练功不当之处，再根据分析情况作练功方法的调整。必要时，应及时到医院进行身体检查。若是旧疾复发，或是身体本身产生了疾病，则应积极地进行医治，直至疾病痊愈，再开始练功。

四、提高理论素养

古人云："理不圆通，莫论修真。"尽管本功法肢体运动简单，动作数量不多，但其蕴含的练功理论与深厚的文化内涵，只有具备良好的理论素养，才能真正领会和掌握。功法锻炼与一般体育运动的区别，在于是否是内向性运用意念。练功要想取得良好效果，就必须强化运用内向性意念来改善生命活动的机能。这就需要习练者正确学习和领悟健身气功的专项理论，才能按照形、气、神三位一体的锻炼规律和特点去思考问题和实践练功。

健身气功·八段锦是在古人练功实践的基础上适应时代发展的需求编创而成的。其理论体系与中国传统文化一脉相承并受其影响。可以说，中国传统文化不仅蕴涵着健身气功的本质内涵，而且也是健身气功不断发展壮大的生命力所在。由此，练功就绝不能割裂与传统文化的深厚关系，要通过深入了解儒、释、道、武、医等诸家理论之内涵，来帮助习练者用古代的经典理论丰富头脑，指导练功实践。需要指出的是，中国传统文化精华与糟粕并存，对那些存有封建迷信的东西要坚决予以抛弃。此外，习练者还应充分汲取现代科学的养分，包括现代医学、生理学、心理学等方面的知识。只有这样，才能从不同的角度提高理论素养，培养现代的科学意识，充分理解功法内涵，更科学地指导练功实践。

五、注意生活调养

要养成练功生活化的习惯。这并不是整天不做其他事情，把全部时间用来练功，而是把练功贯穿在工作、学习、生活当中。首先是可以把功法中的一些内容和姿势的锻炼有机地融入到日常生活中。譬如，生活中可以多体会立身中正这一练功要领，无论是坐在办公桌前，还是等公交车等情况，都可以主动调整身形，力求找到“尾闾中正神贯顶”的感觉。生活中练功不能强求动作的完整性，可以仅就某一动作的某一部分进行锻炼。其次是要注意在日常生活中能保持安静稳定的精神状态。练功所强调的修养心性、涵养道德，需要在日常生活中锻炼。当在日常生活中遇到强烈的刺激或情绪波动时，若能很好地控制情绪不紊乱、不波动，保持精神安静而不躁动，这就是练功向生活的深化，而且是更高层次的练功。

一个人的生活方式与其健康有着极为密切的关系。练功要想取得理想的健身养生效果，每天坚持锻炼固然重要，但还需要在日常生活中注意身心调养，形成健康的生活方式。首先是要注意调整饮食，主张少吃刺激性食物，追求食物的丰富多样性，从而供给均衡的营养。勿要过饥、过饱、过食肥腻，勿食过凉、过热食物，要做到戒烟限酒。其次是日常穿着要注意宽松舒适、大方得体。能随着气候的变化增减衣服，特别是冬季时勿要硬抗寒冷，徒耗体内精气神。再次是要保持居住场所的空气新鲜和流通，湿温度适宜。最后，还要注意节制房事，避免久卧、久坐、久站、久行等过劳行为。概而言之，通过调节生活中的衣、食、住、行等方面，可以维系习练者良好的身心状态，并以此不断巩固练功的成果。

第五节　教学须知

教学是由老师的教与学员的学共同组成的双边活动。健身气功·八段锦教学是以功法技术的传授为基础的，通过老师有计划、有步骤、有组织地积极引导学员学习，促使学员系统地掌握功法技术和基础知识，改善身心健康，提升精神境界。教学过程是一种特殊的认识过程，也是一个促进学员身心发展的过程。在教学过程中，内部的各种因素相互依存、相互作用，形成了一些稳定、必然的规律性联系。如何准确地把握教学规律、合理地运用各种影响因素，是提高教学整体质量、获得良好教学效果的重要保证。

一、目标明确，态度端正

教学目标是教学实施的方向和预期达成的结果，是一切教学活动的出发点和最终归宿。教学目标的制定是否准确清晰，不仅影响着教学过程的开展，很大程度上也牵制了最终的学习效果。教学本功法的目标，通常是在有限时间内（少则几天，多则十几天），使学员学会功法技术，掌握习练要领，了解健身原理和作用，并引导学员养成自觉锻炼、涵养道德和修养心性的行为习惯等。由此可见，本功法的教学目标相对比较单一。但是，其重要性同样不容小觑，既关系着整个教学过程的成败，也决定着老师对教学方法的运用和教学资源的利用等。制定明确的教学目标，首先要认真研读教材、理清功法教学内容。要明确功法教材写了什么内容，也就是解决“教什么”的问题。脱离功法教材或不按功法教材原旨含义设计的教学内容，轻则贻害学员、误人子弟，重则损人健康，甚至会危害社会。准确而全面地掌握功法教学内容，特别是能够把握住功法教学的重点和难点，是确定教学目标的基础和前提。其次是要充分考虑学员实际情况，教学目标设计要有针对性。学员是功法教学的主体。学员之间的功法技能、认识水平和情感态度等方面的差异，以及各自学习功法的需求和兴趣爱好等，都会对教学结果产生深刻的影响。作为指导教学实施的航标，功法教学目标的设计必须要以学员的实际情况为基础。因此，老师要经常主动与学员进行沟通交流，了解他们的身心条件，听取他们的教学建议，制订的功法教学目标方能更具针对性、层次性、实效性和科学性。此外，还要根据功法教学的课时数等因素，将总体教学目标合理分割成每节课的教学目标。制定功法教学目标一定要明确清晰，不可含糊其辞，否则就是不明确的或者是无法完成的教学目标，甚至是无效的教学目标。

俗话说，“态度决定行为”，教学态度作为一种内在心理构成物，作为社会刺激与个体行为之间稳定、长期起作用的中间变量，是影响功法教学质量的重要因素。教学态度主要是指老师对学员的态度，也包括老师对教学工作和生活等方面的态度，它与功法老师的人生观、世界观、价值观、职业道德水平、生活需要等都有密切关联。因此，功法老师要想树立正确的教学态度，不仅需要全方位提升自己的素养，而且需要在教学工作和生活中严格要求自己。传道之人，必须闻道在先，塑造他人灵魂的人，首先自己要有高尚的灵魂。热爱功法教学工作，愿意为更多学员拥有健康的身心付出自己的努力，是具有良好教学态度的基本前提。面对年龄跨度比较大、文化水平参差不齐、健康状况悬殊和社会成分比较复杂的参训学员，既能做到平等对待每一名学员，不因学员掌握功法快慢和年龄、性别、文化等差异而有所亲疏，也能处处想学员之所想、帮学员之所难，做他们的良师挚友，而不是以教导者和监督者的身份居高临下地出现在学员面前，以免引起学员的反感和抵触心理。无数经验证明，身教重于言教，“其身正，不令而行；其身不正，虽令不从”。作为本就十分强调功德的项目，更需要老师具备良好的道德修养和行为举止，才能有力地说服学员、感染学员，才能以身立教，成为学员的表率。

二、准备充分，内容合理

功法教学是以上课为中心环节。要想上好教学课，老师课前的充分准备是先决条件。要从三个方面做好课前准备。一是钻研教材、熟练功法。钻研教材和熟练功法都有一个深化的过程，一般要经过懂、透、化三个阶段。懂，就是对教材特别是功法的基本思想和理论基础等每个知识点以及功法动作的路线和节分点都要弄清楚；透，主要是了解功法的结构和特点、形气神操作的重点和难点，掌握功法理论的逻辑并能运用自如，知道应补充什么知识点，怎样才能教好；化，就是老师的思想感情和教材的思想性、科学性融为一体。达到化的境界，才算是彻底掌握教材和熟练功法了。二是了解学员、分析教学对象。包括了解学员原有掌握功法的水平，他们的年龄、性别、兴趣、需要和知识结构等情况。在此基础上，预见学员学习功法可能会产生的困难和出现的问题，并准备好将要采取的预防措施。三是考虑教法、准备教具。这是解决如何把已经掌握的知识和熟练的功法传授给学员。要在明确教学具体目标、任务和内容的前提下，研究分析不同层面、不同特点学员的身心状况，以便针对不同群体或个体的需要选择适宜的教学方法。功法教学中需要用到哪些教具，比如功法教学光盘、口令词音乐或多媒体电脑等，都应做到心中有数，并于教学前准备调试妥当，避免因教具准备不足而影响功法教学顺利开展。在条件允许的情况下，老师还应要求学员课前做一些准备，譬如复习相关理论、预练某一功法动作等，以利于学员发现疑难问题，带着问题学功法，更加主动积极地思考问题和学练功法。

功法教材往往比较注重其内容的逻辑性、系统性和完整性，如本教材既编有导论诠释了健身气功的基本原理，也编有功法的史、理、法、效、学和教等内容，基本涵盖了教学功法的范围和进程。但是，老师授课时不应拘泥于教材内容编写的体例结构和编排顺序，而应对功法教材内容进行合理的加工改造，形成教学方案并付诸实施，在教学过程中动态生成为教学内容。由于教学内容关系到教学过程中老师、学生、教材、环境等诸因素的交互作用，设计时必须遵循一定的理论依据，切不可任凭老师的主观臆断而决定。首先是要符合并利于实现教学目标。任何教学内容都是由一定的教学目标决定的，是实现教学目标的决定性手段。选择的教学内容，既要遵循总的功法教学目标，也要符合不同层次、不同类型教学的目标要求。其次是要适合不同学员身心发展的特点。在不同练功层次、年龄阶段的学员，呈现出不同的一般特点，教学内容的深度、广度和结构，须符合学员身心发展的一般特点，既不能超出学员接受的限度，又要促进学员掌握功法技术和健康意识的提升。再次是要适合教学的认识规律。学员对功法的掌握和认识不是一次完成的，而是逐步深化的。要正确处理理论与实践的关系，要循序渐进、由简到繁，以及有必要的循环往复，以利于学员学习、消化和巩固所学的功法技术和知识。此外，还要注意相对完整性和一定的灵活性。每节课既要有其相对独立的教学内容，又要保持衔接和沟通，确保学员在规定时间内能学会完整的功法技术和知识。

三、把握原则，方法灵活

教学原则是有效进行功法教学必须遵循的基本要求，既能指导老师的教，也能指导学员的学，应贯彻于功法教学过程的各个方面和始终。就一般功法教学而言，需遵循的教学原则主要有：科学性与思想性相结合原则。要保证传授给学员的功法知识和技术是科学正确、富有教益的，不宜将尚有争议、不可靠的知识传授给学员，更不可因追求玄虚、夸大效果而影响了功法科学性。结合理论的传授，还要联系实际、有的放矢地进行功德教育和心性培养，引导学员养成良好的德性修养。传授理论与增进健康相结合原则。既要对学员传授知识，使学员了解功法原理、方法和作用等，也要通过相当负荷的功法练习，帮助其习练技能和增进健康，达到学以致用。近年来特别提倡的“精讲多练”“精讲巧练”“讲练结合”，都是为了使学员能更好地掌握知识和运用功法增进健康。直观性原则。充分借助各种直观教具和现代化教学手段，特别是教学老师的动作示范，引导学员对功法形成清晰表象，提升他们对功法的感性认识和学练兴趣。在直观教学的同时，老师还要注意通过知识的讲解，帮助学员获得较全面的感性认识，从而更深刻地掌握功法知识和技能。启发性原则。健身气功作为一门注重身心体悟的学问，老师在教学中必须要注意调动学员的主动性，引导他们独立思考，积极练功，自觉地掌握功法及提高分析问题和解决问题的能力，才能使许多学员将一时的兴趣和欲望转化为持久学练的热情。循序渐进原则。功法教学要由浅入深、由易入难、由简到繁，符合学员掌握功法的循序性和保证功法知识的系统性。只有循序渐进教学，夯实了学员的基础，提高了认识能力，学练功法的进度才会自然加快，效率才会自然提高。巩固提高原则。要重视组织功法练习，强调记忆理解功理功效，引导学员在理解功法理论的基础上，牢固掌握功法技能，既能长久地保持在记忆中，也能用身体准确地演练出来。可接受原则。是指功法教学的内容、方法、分量和进度要适合学员的身心状态，是他们能够接受的，但又要有一定的难度，需要学员经过努力才能掌握，以促进学员的身心健康。

因材施教原则。功法教学的对象比较复杂，教学时就要从学员的实际情况、个别差异出发，有的放矢地进行有差别的教学，使每个学员都能有所进步和提高。

为完成教学任务而采用的办法称为教学方法。它包括老师教的方法和学员学的方法，是老师引导学员掌握功法和理论、获得身心健康而共同活动的方法。教学本功法的主要方法有：讲授法。是老师通过语言系统连贯地向学员传授理论和功法。老师讲授功法源流与特点、原理与效果和学练与教学技巧等内容时，语言要力求清晰、准确、简练、形象、条理清楚、通俗易懂，讲授的音量、速度要适中，音调要注意抑扬顿挫，既要突出重、难点，又要系统、全面，并注意引导学员积极分析和思考问题，使他们的认识活动主动展开，自觉地领悟理论和体悟功法。提示暗示法。提示是教学中老师采用简短的语言强化正确部分，提示动作要领、纠正错误等方法。暗示是教学时老师用含蓄、抽象诱导的间接方法引导学员放松入静并进入愉悦境界的方法。语言的暗示不仅包括词句语言，而且包括行为语言，教学时老师的言语、神态、表情、动作等都能形成暗示效应，因此老师教学时应主动利用积极暗示引导学员进入练功状态，防止出现各种消极的语言暗示。示范法。是老师通过准确、优美的动作演示，使学员直观了解动作的结构、要领和方法，建立正确的动作概念和表象。正确示范不仅利于学员观察、模仿动作，而且对激发学员学习的积极性具有重要作用。老师示范要有明确的目的，掌握好示范的时机、方向和位置，示范的动作要准确、熟练、优美，并注意与讲解、启发学员思维相结合。完整与分解教学法。完整教学法是老师对学员所学动作进行完整的教学，即从动作开始到结束进行完整讲解、完整示范和练习。分解教学法是把较复杂的动作，按照其结构合理地分解成若干部分，然后逐次进行讲解、示范和联系的方法。完整与分解教学并不是截然分开的，教学中要结合运用，在完整中有分解，分解中又有完整，两法互补互用。练习法。是学员在老师指导下有目的地反复练习单个动作、组合动作或整套动作，以形成正确功法技术技巧的方法。练习的种类很多，既有集中注意力练习、念动练习、重复练习、变换练习等方法，也有集体练习、分组练习和个人练习等形式。进行练习时，要使学员明确练习的目的与要求，掌握练习的原理与方法，对学员练习的数量、质量、难度、速度、独立程度和熟练程度等都应有计划地提出要求，使学员由易到难逐步提高，达到熟练完善。此外，还会运用预防和纠正错误法、讨论法、多媒体教学等多种方法。需要指出的是，在任何功法教学过程中，老师决不能始终只用一种方法，而要根据一定的教学指导思想、任务和习惯的经验模式，将若干种方法组合起来运用。俗话说，“教学有法，但无定法”。每名老师都应恰当地选择和创造性地运用教学方法，形成自己独特的教学风格。

四、组织严谨，气氛融洽

功法教学总是以一定的组织形式进行的。古人教功主要采取师徒口传心授的方式进行，但一个老师所能教的学员数量是很有限的。当今的功法教学主要采用以班级上课为主的组织形式，利于教学质量和效率的提高。功法教学课的结构，主要由开始部分、准备部分、基本部分和结束部分构成。每一个部分有各自的任务、内容和组织教学的要求，但又是一个紧密联系的整体。开始部分主要是组织整理好学员队伍、师生问好、记录考勤，老师宣布本节课的目的、内容和任务等。准备部分主要是引导学员从心理、呼吸和肢体三个方面做好上课的准备。基本部分是教学课的主要部分，其任务是按照预定教学进程，学习功法的基本方法和理论，并通过各种形式反复练习，使学员达到掌握功理功法的目的。结束部分主要是放松身心和课堂小结。整个教学课的过程，老师什么时候讲，什么时候练，如何示范技术，如何提问、讨论和归纳结论等都要组织得非常妥当、严密有序和井井有条。要提高时间的利用效率，要防止和消除破坏纪律的不良现象发生，对偶发事件要机智处理，尽量不影响教学课的正常进行。有经验的功法教师，不仅重视上好每节教学课，而且也注意对学员的课后练习与自学进行指导并提出严格要求，主要目的是让学员个人加强领悟、消化、运用和巩固课上所学的功法新知识和新技术，为过渡到下一节新课的学习做好准备，以确保整体的教学质量。

在整个功法教学过程中，应使师生都处于积极活动状态，特别是要激发和调动学员的积极性、主动性。如果只是老师练得生龙活虎、讲得津津有味，而学员却手脚懒得动弹，听得都昏昏欲睡了，那这种课的教学效果肯定是不可能好的。当然，若是老师对教学课失去了控制和驾驭能力，尽管学员在课堂上七嘴八舌、手足舞蹈得看似很活跃，但同样达不到预期的教学目的。要想营造一个和谐融洽的教学氛围，首先是解决学员学练功法的内在动力问题。要充分发挥功法本身在健康增进、文化熏染、境界提升、健康生活方式形成等方面的巨大作用，激发学员的求知欲和积极性。其次是注重培养学员独立思考、主动锻炼的能力。功法老师既要善于启发学员积极动脑，引导他们的思维活跃起来分析问题、认识规律、获取新知，也要引导学员肢体运动起来，主动练习功法技术，掌握功法重点和克服功法难点。再次是要创造民主平等的师生关系和生生关系。功法老师切忌唯我独尊，搞一言堂，还要善于制止学员之间的讽刺讥笑、相互鄙薄，引导他们相互尊重、相互理解、相互学习和相互支持。如果基础较弱、技术较差的学员感到气氛压抑，不能富有成效地学练功法，很可能会消极学习，影响整个教学的进展和效果。由此可见，在功法教学中，老师只有善于启发引导学员积极进行认知活动和身心练习，只有调动师生双方的积极性，才能真正上好一节功法教学课。

五、重视评价，注意总结

教学评价是对功法教学质量所作的测量、分析和评定。它主要是以参与功法教学活动的老师、学员和教学目标、内容、方法、设备、场地和时间等因素的有机组合的过程和结果为评价对象，是对教学活动的整体质量所作的评价。对于功法老师来说，通过教学评价可及时了解学员掌握功法、功理的情况和获得教学效果的反馈信息，以分析自己教学的优缺点，更好地提高教学水平和质量。功法教学评价主要是从教学设计、教学组织和教学效果三个层面进行。在教学设计层面，首先要评价教学活动的目标性。只有在明确、具体、适度的目标引导下，教学活动才会有条不紊、不失方向，学员的功法学练和健康促进才能有所收获。其次是教学过程的完整性。根据人体生理机能活动变化的规律，无论功法教学过程怎么变化，开始部分、准备部分、基本部分、结束部分四个阶段是客观存在的，评价教学过程的完整性主要是看上述四个过程是否符合逻辑。然后是评价场地器材的合理性。主要是看选择的教学场地大小、环境以及教学器材的多少、布局是否合理等。在教学组织层面，要看功法老师是否带有饱满而稳定的激情教学，是否运用了语言激发、目标动机激发、内容激发、示范激发等教学策略，有效引导学员尽快进入学习过程、主动积极地参与功法学练，是否能有效驾驭整个教学过程，控制好教学的时间和空间，顺利完成教学任务，还要看学员整体的被“激发状态”、学练频率和质量。在教学效果层面，既要重视测量学员的功法水平，也要重视测量学员的功法知识，还要重视测量学员的功德培育和心性修养等。需要指出的是，评价功法教学要着重分析的是老师的教学质量，而不是评价他的专业水平，归根结底在于学员学练功法和获取知识的效果。

教学总结是老师自我完善、自我提高的重要手段，也是老师学会如何教学的有效途径。教学总结主要是老师在课后对整个教学行为过程进行反思性回忆，包括老师对自己的教学观念和教学行为、学员表现和教学效果等情况进行分析，找出整个教学程序在具体实施过程中的成功和不足之处，研究其产生的原因，思考今后改进优化的对策，其对于有效提升整体教学质量至关重要。首先要总结功法教学成功之处。教学中新知识的巧妙引入，传统理论的创新讲授，技术教学的亮点精妙处，以及随着功法内容的讲授、教学情景的创设而产生的灵感，与学员产生强烈的共鸣点等，功法老师都要认真总结并记录下来，为今后教学提供参考和借鉴。其次要总结功法教学失败之处。再完美的教学设计也可能存在疏漏，再富有经验的老师也会出现教学失误，把这些功法教学中的失败教训总结出来，如对功法教材理解出现的偏差，对功法教学重点、难点处理不当等问题，并对其深层原因进行分析探究，使其成为今后教学中要着重避免并改进优化的重要内容。教学总结能让功法老师学会发现问题、分析问题和解决问题的方法，养成良好的问题意识和批判思维习惯，可不断扫除教学实践障碍，持续提升教学水平，不断提高教学质量，从而使自己成为一名更受学员喜爱的老师。

第四章

健身气功·八段锦答疑解惑

本章结合学练功法中的常见问题进行了归纳整理，对前几章相关内容具有一定的补充作用。答疑解惑深入浅出，以期对学练者有所裨益。

一、八段锦名称的涵义是什么

八段锦的“八”字，不是单指段、节和八个动作，而是表示其功法有多种要素，相互制约，相互联系，循环运转。正如明代高濂在其所著《遵生八笺》中“八段锦导引法”所讲：“子后午前做，造化合乾坤。循环次第转，八卦是良因。”“锦”字，由“金”“帛”组成，以表示其精美华贵。除此之外，“锦”字还可理解为是在众多导引术式中所挑选出的单个精华动作的汇集，如丝锦那样连绵不断，是一套完整的健身养生方法。

二、“两手托天”何以能“理三焦”

三焦，是中医学的六腑之一，分为上焦、中焦和下焦。三焦关系到人体饮食水谷受纳、消化吸收与输布排泄的全部气化过程，故为“五脏六腑之总司”（《类经附翼·求正录》）。肺在上焦，主宣发肃降；脾在中焦，主气机斡旋，升清降浊；肾在下焦，主藏精纳气；三者结合，使气机得以转运。

“两手托天理三焦”，意即通过两手上举伸展躯体的动作来实现调理三焦的作用。当两手上托时，整个躯干和上肢得到有效抻展，从而使手、足三阴三阳，以及任脉等经络得以相应刺激。由于以上经络贯穿于胸部、腹部、头颈及手臂，是一个环形循环，因此通过疏通经络所主的脏腑，及其络属的经筋和皮部，从而使三焦气机得以畅通和运化。另外，通过对脊柱的对拉拔伸，可激活背部的督脉及脊柱两侧的足太阳膀胱经，由于“督脉为阳脉之海”，膀胱经为背部贯穿上下之阳脉，有五脏六腑腧穴，所以可起到助长身体阳气生发的作用。此外，两手上举托天，身体上下对拉，对内脏可起到柔和按摩作用，对腰背肌肉、关节也有着良好的刺激，具有通三焦、调气血、养内脏的效果。同时，从现代生理学角度来说，两手交叉上举，可较大限度地增加胸廓容积，使肺吸气量和静脉回心血量增加，而且细、匀、深、长的腹式呼吸方式还可以加快血液回流，促进血液循环。

三、“左右开弓”何以能疏肝、调心肺

本式动作对肝肺气机具有调理作用。中医学认为，肝气以生发、疏泄为顺，肺气以宣发、肃降为畅。这在立势八段锦歌诀中就有“左肝右肺似射雕”的记载。“左肝右肺”实际讲的是“主升之肝气”与“主降之肺气”的气机升降之生理含义，前者用左表示升，后者用右表示降，并非指脏腑的解剖学之义。通过两臂的左右对拉拔长、展肩扩胸对心肺功能具有良好的改善效果，可对心肺气机进行平衡调节，以保证脏腑气机处于正常的升降状态。“左右开弓似射雕”动作还可激发督脉、背部腧穴以及手太阴肺经、手厥阴心包经等经络，从而使气血得以运行正常。督脉起于胞中，沿脊柱上行，至头面部；

手厥阴心包经从胸走向手，起自天池，止于中冲。手太阴肺经也从胸走向手，起自中府，止于少商。本式动作通过沉肩、坐腕、翘指（食指）、掌心涵空、意注商阳、劲达夹脊等技术细节，可以起到疏通手太阴肺经、手阳明大肠经、手厥阴心包经之气的作用，达到调理心肺功能的目的。

另外，马步下蹲姿势可有效发展下肢肌肉力量和身体平衡能力，屈臂、扣指动作可使掌指及上肢力量得到锻炼，还可提高手腕等关节的灵活性。

四、“单举”何以能“调理脾胃”

中医理论认为，脾胃乃人体“后天之本”，同居中焦，相互协调，共同完成一系列复杂而重要的生理功能。如饮食物的受纳、消化与水谷精微的吸收，气血的生化，气机升降的调节等。脾为五脏之一，其气主升；胃为六腑之一，其气主降，脾胃之升降，是全身气机升降枢纽。一旦这种脾升胃降的状态遭到破坏，人体就会产生相应的疾病。《素问·阴阳应象大论》曰：“清气在下，则生飧泄；气在上，则生胀。”指的就是一旦该升而不升的脾气“在下”，就会出现下利清稀、完谷不化之类的疾病。反之，如果该降而不降的胃气“在上”，则会出现胀闷不舒类病变。足太阴脾经起于足大趾内侧端，沿大腿内侧缘上行并进入胸腹部；足阳明胃经起于头面部，通过胸腹部循行至足，且此两条经络均贯穿胸腹部。本式通过两手臂上撑下按，可以充分牵拉腹腔，从而激活胸肋及腹部的足太阴脾经、足阳明胃经，达到健脾和胃的作用。通过左右臂的上下对拉拔长作用于中脘，促进胆汁、胃液的分泌，改善消化系统机能。单举手还可刺激肩颈部位的穴位，从而达到疏通经络、促进周身气血充盈的功效。从运动生理学方面讲，通过两臂的上举下按还可以使脊柱内各椎骨间的小肌肉群得到锻炼，从而增强脊柱及关节的灵活性和稳定性，有助于预防和治疗肩、颈关节疾病。人体后天营养的充足与否，主要取决于脾胃的协调功能。因此必须重视脾胃功能的盛衰，坚持习练“调理脾胃须单举”动作，可收到保健脾胃的功效。

五、“往后瞧”何以能防治“五劳七伤”

“五劳”和“七伤”有多种不同说法。所谓“五劳”，有的说是心劳、肝劳、脾劳、肺劳、肾劳五种虚劳病证，有的说是五种劳伤的病因，即“久视伤血，久卧伤气，久坐伤肉，久立伤骨，久行伤筋”。所谓“七伤”，有的认为是七种劳伤的病因，即饱伤脾，大怒伤肝，强力举重、久坐湿地伤肾，形寒、饮冷伤肺，忧愁思虑伤心，风雨寒暑伤形，大恐惧、不节伤志；有的认为是肾气亏损的七种症状；有的认为是七种不良的情绪，即怒、喜、思、悲、恐、忧、惊。而不良情绪的产生又与人体脏腑机能的失调密切相关。因此五劳七伤致病多涉及脏腑机能失调、功能活动紊乱而发病。结合本式功法语境来看，“五”“七”在这里应为约数，泛指各种慢性、劳伤性疾病。本式两臂外旋展肩扩胸、向后转头和两臂内旋肩胛微开、命门后凸的反复交替运动，可以激发督脉、梳理任脉。中医理论认为，督脉循身之背，背为阳，对全身阳经具有统率、督促作用，而阳经是六腑气血运行之通道。任脉循行于腹部正中，腹为阴，对一身阴经脉气具有总揽、担任的作用，而阴经是五脏气血运行的通道。任督二脉调和，则能充分发挥其调动全身经络气机、协调一身阴阳、调节五脏六腑之功能。又由于六条阳经都与督脉交汇于大椎穴，且大椎穴具有益气通阳、宣肺平喘、培补元气、平衡阴阳等作用，因此通过转颈后瞧可刺激大椎穴和膀胱经上的腧穴，直接调理相关脏腑功能。现代生理学认为，转颈后瞧并配合两臂伸直外旋的静力牵拉动作，可使颈部及肩臂的旋转角度加大，从而增强相关肌群的工作能力及活动幅度，改善颈部及脑部血液循环，增进其功能。

六、“摇头摆尾”何以能“去心火”

本式动作关键在于“摇头”和“摆尾”。通过摇头，可以激活大椎穴（大椎穴为六阳经的汇总点，位于颈根后，第七颈椎棘突起和第一胸椎棘突起之间），以提升阳气，并具有疏泄、平衡阴阳等作用。通过摆尾，即摆动尾闾，可畅通督脉，激活脊柱和命门穴。中医理论认为腰为肾腑，命门贯脊属肾，肾在五行中属水，心在五行中属火，水能克火，只有壮腰强肾才能调理心火，所以激活脊柱和命门穴，可以增强肾对人体各脏腑器官滋养和濡润的作用，进而达到祛除心火的目的。从生理学角度来看，通过对脊柱大幅度侧屈、环转及回旋，配合提肛、收腹和膈肌的升降，加强了对腹腔器官的按摩、挤压，加快了排泄过程，以除心火。并使头颈、腰腹及臀部、腿部等多处肌群参与收缩，既增加了颈、腰、髋及下肢关节的灵活性，又使相关肌群肌力增强。所以，练习“摇头摆尾”既可去心火，又有壮腰固肾之功效。

七、“两手攀足”何以能“固肾腰”

中医理论认为，“腰为肾之府”。肾位于腰部脊柱两侧，其生理功能是藏精、主骨、生髓，为生殖发育之源。通过“两手攀足”运动，使脊柱大幅度前屈后伸，可激发足少阴肾经；双手摩运后背以及下肢后侧和脚面，对膀胱经是很好的调理，膀胱经与肾经相表里，故对培补肾气亦有非常好的作用。俯身伸臂结合两掌沿两侧腰部摩运腰、臀、腿等处，可对肾、肾上腺、输尿管有良好的牵拉按抚作用，不但可以疏通众多的经络之气，还对经络相联络的器官内脏起到调节作用，收到“滋肾阴、壮肾阳、补肾气”的效果。此外，通过大幅度的俯身和立身动作，还可刺激背部的督脉与腹正中线的任脉，从而发挥温补和濡养作用。同时，通过躯干大幅度的前屈后伸，可有效发展躯干前后肌群的力量与伸展性，对腰、背部具有良好的牵拉、按摩和保健作用。

八、“攒拳怒目”何以能“增气力”

中医理论认为，肝为将军之官，主怒，其气宜条达而恶抑郁，藏血，主疏泄，在体为筋，开窍于目。本式中的“怒目瞪眼”可激发眼睛及相关部位，从而对肝经起到调理作用，使肝血充盈，养眼明目。“筋为肝所主”，全身筋的活动都依赖于肝之阴血的濡养及肝气之升发。通过攒拳怒目，两臂摩肋前伸，可以拉动手臂筋脉，有助于疏肝理气，改善肝藏血和调节血液流量的功能。双手握固，则具有安魂定魄、收摄精气之效，并增强手臂力量及灵活性；左右拧腰顺肩，可有效强壮腰脊、保健脊柱；旋腕可激发手三阴、三阳经脉，以及腕关节周围的原穴；通过五趾抓地可调动足三阴、三阳经气，从而调畅经脉气血。此式动作要求在半蹲状态下完成，可使大腿肌肉、筋脉受到牵张拉动，从而增加下肢肌肉力量及身体的稳定性，最终达到全身筋肉壮实、气力增加的效果。

九、“背后七颠”何以能“百病消”

从字面来看，本式试图通过“背后七颠”的锻炼，使人体“百病消”除，实际是强调整套功法锻炼对防治疾病的意义。从中医理论来看，提踵、颠足可激发足三阴三阳的井穴和原穴。中医将井穴喻为水的源头，是气血的发源地；原穴是脏腑原气经过的地方，故提踵、颠足能促使下肢经脉的疏通，从而达到调理相应脏腑功能的作用，有助于防治疾病。反复提踵、颠足，辅之以收腹提肛技术细节，有助于激发任、督二脉调节功能，并能规律性挤压按摩五脏六腑，利于全身气血通畅。从全息论的角度来看，脚底可反应出全身整体，前脚趾是脑的反射区，后脚跟是卵巢、睾丸等生殖系统反射区，故提踵、颠足动作，有助于提高大脑和生殖系统机能，具有补益先天、调补后天的作用。适度的颠足对脊髓及其神经根可产生良性刺激，改善脊柱各关节内外结构，增强其对生理活动的调控功能，并使全身关节肌肉得到放松复位，有助于解除肌肉紧张。颠足可强健骨骼，有利于骨细胞积存骨钙的活动，预防骨质疏松。提踵可发展小腿后群肌力，增强足弓及踝关节周围韧带的力量，提高人体平衡能力。

十、为何健身气功·八段锦多处强调要意守丹田

丹田是健身气功中的一个术语，是习练健身气功中的一个特定意守部位。丹田有上、中、下之分。一般来讲，两眉之间为上丹田，两乳之间为中丹田，小腹部为下丹田。习练健身气功·八段锦多处提到要意守丹田，主要是指意守腹部的下丹田。腹部下丹田的确切部位，历代说法不一，有的说是在肚脐，有的说是在脐下一寸三分，也有的说是在脐内一寸三分。其实，腹部丹田不应该是一个点，而应是某一特定的区域，通常是指包括神阙、关元、气海、命门等穴位的方圆一块地。古代练功家把此处看成是炼丹、结丹之处。根据阴阳五行、脏腑经络等理论，下丹田位居人体正中，属中央脾土，脐后接命门与两肾相连，因“肾藏精”，两肾间的动气（三焦元气）通过经络这一特定的联系而汇聚于下丹田；又根据人体经络阴、阳经相接，表里相接，阴阳互根等作用机理，肚脐正中及脐下周围所经过的任脉、冲脉、脾经、胃经、肾经、肝经等脏腑经络之气，最后也均汇聚到腹部丹田处。古代练功家称下丹田为“性命之祖”“生气之源”“五脏六腑之本”“十二经之根”“阴阳之会”“呼吸之门”“水火交会之乡”，具有“调气益元、培肾固本、调营卫血室、温精宫”等重大作用，是真气升降开合的枢纽，是汇集烹炼、储存真气的重要部位。所以，历代气功家十分强调意守丹田，并多和深、长、匀、细的腹部呼吸结合起来进行锻炼。健身气功·八段锦多处强调要意守丹田，还具有帮助习练者调心入静、加快形成腹式呼吸、提升脾胃并带动其他脏腑功能等作用。

十一、习练健身气功·八段锦为何要求目光内敛

对于人的整个生命过程而言，眼睛接受外界事物的信息量最多，因而神意和眼睛结合得也最紧密，即俗话说的“眼能传神”。传统气功认为，“目为心之先锋”“其机在目”，且“五脏六腑之精皆上注于目”，故习练健身气功·八段锦不能像演练武术要用外射锐厉的目光好像在对敌，而应是眼睛虽然睁开，但目光却要注意回收、内敛。中医认为，“目为肝之窍”，魂由之出入，练功时做到目光回收、内敛，可以起到收摄心神、安魂寄魄的作用。此外，目是阴跷脉、阳跷脉二脉交会之所，也是人体卫气内外出入的必由之路，练功要求目光内敛，能使卫气和敛于中，充养五脏以健康长寿。老子指出，“虚其心，实其腹”“为腹不为目”。《黄帝内经》认为：“恬淡虚无，真气从之。”如此练功，目光内敛，可避免外物扰于心神，从而易于达到“恬淡虚无”的练功状态，促使人之“真气”周流五脏六腑、四肢百骸而护养生命。

十二、怎样掌握健身气功·八段锦意守的火候

火候，原指冶炼矿物以作丹药过程中，对火力文武、大小、久暂的调节与掌握。在健身气功中，意守火候主要是指意念运用的强度。如何掌握适度的意守火候，可以说是练好功法的关键要素，也是习练者难以掌握的练功难题，甚至不少人因火候掌握不当而走了弯路。以往的教学经验告诉我们，意守强度太小，杂念往往比较繁多，意守的部位就较难守住；意守强度偏大，虽然杂念得以减少，但易招致头晕、胸闷、腹

胀、精神紧张等不良症状。火候到底怎样掌握才算合适，古练功家的实践经验值得遵循，那就是“不可用心守，不可无意求，用心着相，无意落空，似守非守，绵绵若存”。由此，习练者必须在练功实践中多加亲身体会，由强至弱或由微至强自行反复调节，直至感觉适宜。练功初期，意守火候可偏重些，利于排出杂念，但要以头不胀不痛、精神放松为度。每次练功的意守火候，也不能千篇一律，而应根据实际情况加以调节。倘若练功时杂念比较多，意守火候可适当加大；倘若练功时杂念较少，就可减弱意守的火候。随着练功层次和水平的提升，意守的火候会逐渐减弱，似有似无，渐至绵绵若存之程度。

十三、何谓“握固”？对人体健康有何意义

握固是健身气功常用的一种手型，并被应用于本功法“攒拳怒目增气力”中。“握固”一词，最早见于《老子》“骨弱筋柔而握固”的记载。唐玄宗李隆基注解为“赤子骨弱筋柔而能握拳牢固”。晋朝葛洪将握固与练功结合起来，在《抱朴子》中倡导“握固守一”。握固的具体方法，古代典籍多有记载。握固是将大拇指指尖抵于无名指根部（旧说这里是肝脏的“风窍”所在），其余四指屈握大拇指，不可过于用力。握固对人体健康的积极作用，古人也多有阐述。在峨眉丹医五指五脏五行归属图中，大拇指属肺，主气，藏魄；无名指属肝，主血，藏魂。隋朝巢元方指出握固具有“拘魂门，制魄户”之效，《云笈七签》认为是“固精明目，留年还魂法，若能终日握之，邪气百毒不得入”。由此可见，握固主要是作用于人体肝经系统和肾经系统，具有安魂定神、固摄精神、收摄精气的效果。中医理论认为，“肝肾同源”，肝属性为木，

主升发，能疏泄情志、调畅气血，其中肝经系统包括肝、胆、眼睛、筋、爪甲等组织器官。肝经系统的经脉运行在身体侧旁。肾属性为水，主封藏，是生长发育之本，肾经系统包括肾、膀胱、耳朵、骨、头发等组织器官。肾经系统的经脉运行在身体内侧。握固能促进肝经系统和肾经系统互相协调配合，使人体精气收藏、气血布散，进而优化提升人体健康。

十四、如何把握抱球桩姿势的高低

站桩姿势的高低，可根据习练者身体状态特别是腿部力量的大小灵活掌握。站桩姿势低些，有助于增强腿部力量、提高稳定性；站桩姿势高些，利于放松机体、调心入静。站抱球桩姿势高与低的限度，最高以命门穴不关闭、不能出现塌腰为限；最低以臀部下坐时膝盖不超越脚背为限。无论是站桩的姿势高些，还是站桩的姿势低些，要把握的核心是做到合乎站桩要求的身型，具体就是做到后顶虚领、立项竖脊、沉肩坠肘、虚胸实腹、松腰敛臀、屈膝下坐、两足平踏、立身中正，同时逐渐使意念集中专一、呼吸自然，渐入恬淡虚无、独立守神的身心状态。

十五、初练站桩，为什么有人会出现头晕、心慌、恶心

出现头晕、心慌、恶心主要有以下原因：一是初习站桩对动作规格、要领、呼吸、意念不熟悉，顾此失彼，配合不协调，处于一种紧张状态，使静脉血回流受阻，心脏供血不足；二是忽略了调整呼吸，由于呼吸表浅，或憋气而导致缺氧；三是站桩的时间、强度超出本人体力所

承受的程度，或由于身体疲劳、虚弱和某些疾病等原因。

解决方法：站桩首先是以调整身型为主，要掌握规格、熟练要领，注意不要闭眼；放松肢体，采用自然呼吸，把呼吸调均匀；不追求站桩时间，姿势以舒适为度，不勉强坚持，循序渐进，量力而行；避免在过度劳累时站桩，感觉不适时及时调整，并请教老师，必要时应停止练习，或到医院检查，征求医生意见。

十六、站桩中出现身体抖动或摇晃应如何处理

站桩中出现抖动或摇晃主要由于以下两方面原因：一是站桩的姿势不对，没有虚领顶劲，由于身体歪斜不正，局部负担过重，或因肢体松懈、意念失去控制，而出现抖动或摇晃现象。二是站桩的时间超长，姿势过低，运动量与运动强度过大，肢体超负荷而造成抖动、摇晃。

解决方法：首先要清楚站桩中出现抖动、摇晃不是好现象，必须克制，否则会越来越厉害，极易出偏。站桩中要保持正确姿势，选择适宜的高度，保持后顶上领，两脚踏平，不可以闭眼。主动掌控站桩时间与强度，如仍有抖动、摇晃现象，应停止站桩，调整后再练习。

十七、如何区分健身气功·八段锦站桩锻炼中的入静与昏沉

站桩练功过程中，比较容易出现练功入静和练功昏沉两种状态。因两者的生理基础不同，导致练功效果差异极大，必须严格加以区分。练功入静是习练者大脑皮质处于特有练功状态的活动时相，是主观意识培养起来的良性兴奋灶占据优势地位，其他部位在意识作用下处于抑制过

程，从而使大脑呈现出有序化的活动状态。可见练功入静是和脑细胞活动的有序化过程相关的，习练者练功的层次和水平越高，脑细胞活动有序化的程度也就越高。练功昏沉则是大脑皮质由清醒状态向睡眠状态发展的过程，大脑皮质是以蒙受大范围的抑制活动为特征的。

练功入静，习练者会自觉杂念减少、头脑清晰，对外界刺激反应减弱；结束练功后，仍会有全身舒畅、精神倍增的感觉。练功昏沉则表现为习练者的头脑昏昏，意识时清时浊，虽然有时杂念会减少，有时会出现短暂梦景，或突然出现惊醒状态，结束练功后往往会有精神疲惫、全身酸痛的感觉。由此可见，练功如出现昏沉现象，应当及时纠正；当出现练功入静现象时，则应当专心练习，善于引导入静层次逐渐加深，但切忌跟着感觉走，被舒服所吸引，过于贪图静定后所带来的快感，要留有三分灵气，能做到出入自如。

十八、如何做好健身气功·八段锦练习中的停闭呼吸

停闭呼吸是习练者让呼吸在某一练功过程进行短暂的不呼不吸。停闭呼吸主要有两种形式：一是在呼吸之间作短暂的停闭，即吸—停—呼；二是在呼吸之后作短暂的停闭，即吸—呼—停。无论是呼吸之间还是呼吸之后的停闭呼吸，其停闭时间的长短均要因人而异，但总体原则应以不紧张、不憋气为准。上述两种停闭呼吸，都有加强胃肠活动功能、调节人体气机的作用。不同之处在于，呼吸之间的停闭呼吸有加强丹田“聚气”的作用，呼吸之后的停闭呼吸有“调和丹田之气”的作用。根据以往教学的经验，习练者在初学阶段不宜学练停闭呼吸，只有练功到形成腹式呼吸特别是逆腹式呼吸后，才宜学练运用停闭呼吸练

功，如此方是比较妥当且又符合实际的。习练者在练功形成深、长、匀、细的腹式呼吸后，可能会在呼吸之间或呼吸之后自然出现短暂的呼吸停闭，这是练功达到一定深度后出现的好现象，此时应顺其自然，继续练功即可。

十九、如何理解练功调息要做到细匀深长

细匀深长是调整呼吸要达到的练功要求。所谓呼吸的细，是指呼吸柔和缓慢，出入绵绵，自然悠畅。所谓呼吸的匀，是指每个呼吸周期的时间大体相等。所谓深长，是指顺腹式呼吸、逆腹式呼吸乃至踵息等深呼吸的形成。呼吸的细匀深长是相辅相成的，只有练到细匀，才能达到深长；呼吸达到了深长，也必然能够细匀。均匀的呼吸，是经过一定时间的练习才能逐步达到的。强行控制呼吸均匀，必然招致胸闷气短，甚至烦躁不安。因此，习练者一定要根据自身情况，顺其自然，随练功的深入使呼吸逐步达到细匀深长。

二十、如何做好健身气功·八段锦练习中的腹式呼吸

腹式呼吸是健身气功·八段锦练习中的一种主要呼吸形式。若想获得较佳的锻炼效果，习练者应逐步学练好腹式呼吸。练好腹式呼吸，需注意以下方面：一是学练腹式呼吸必须要循序渐进，绝不可刚开始学练功法就追求腹式呼吸，必须在经过一个阶段“调息”训练后，方可学练腹式呼吸。二是学练腹式呼吸必须在松静自然的呼吸基础上进行，切不能憋气，意念也不可紧张，注意呼吸出入的“量”和力度都不能太过、

太大，应以不疾不徐、不迟不速为宜。三是在形成自然腹式呼吸基础上，再逐步学练深长的腹式呼吸，即由自然腹式呼吸逐步过渡到缓慢、细匀、深长的腹式呼吸。倘若不顾呼吸形成的规律，不从习练者自身体质、健康的实际情况出发，盲目追求深长匀细的腹式呼吸，势必造成精神不能安静，引起呼吸中枢兴奋，必然出现呼吸紧迫、气闷胸痛、心悸不宁等不良现象。

二十一、学练健身气功·八段锦如何做到松静自然

放松与入静是练功中追求的永恒主题，可以说是健身气功必须要遵循的大法。松静是练健身气功的前提条件，是与其他体育项目的重要区别。可以说，不能放松入静，就不是在练健身气功。学练健身气功·八段锦过程中，掌握松静自然是学练的关键。松是指精神与形体两方面的放松。精神的放松主要是解决心理和生理上的紧张状态。在现代生活中，激烈的竞争、快速的工作节奏，使人经常处于一种紧张、浮躁的情绪中，这就需要在练功中保持一种愉悦、祥和的心态，豁达心胸，培养高尚的情操。形体的放松主要是指关节、肌肉及脏腑的放松。肢体不能僵直绷劲，要由上到下、由里到外，直透皮肤、毛孔，节节松开。脏腑的放松，不是指具体器官，而是指胸腹部做到内外空松，其中顺其自然的呼吸至关重要。放松不是松懈，是让全身组织器官处于最佳应力分布状态。静，主要是指在练功中思想和情绪要平稳、安宁，收猿心、拴意马，排除杂念，专心致志练功。健身气功·八段锦是以肢体锻炼为主，不完全同于静功锻炼，对静的要求没那么复杂，只要通过意念动作规格要领或体会呼吸、动作的配合等，习练者很快就能静下来，进入练功状

态。当然真正地能静下来也并非如此简单，最初会出现手脚忙乱、顾此失彼甚至心慌意乱等现象，但随着动作熟练、技术水平的提高，意念会逐渐专一，调心入静的程度慢慢得以加深。放松与入静是有层次的，是练出来的，不是想出来的，松与静相互联系，相互促进，永无止境。

学练功法需要顺其自然，这个自然绝不是随心所欲，而是指要遵循健身气功固有的规律。例如，动作用力的大小、高低、幅度和次数等，可以根据自己的身体情况灵活掌握，但不能改变动作的规格。呼吸自然不是要放弃呼吸锻炼，而是强调不能强吸硬呼，需要在循序渐进中进入不调而自调的状态。意念自然是指不可用心守，不可无意求，要似守非守。实际上，顺其自然是由不自然到自然的锻炼过程，需要习练者在习练中仔细体悟，逐步提升。

二十二、学练健身气功·八段锦如何分清动作节点

节点，即节分点，主要是指动作的衔接转换处和定势。动作转换处为小节分点，动作定势为大节分点。小节分点主要体现动作技术衔接、变换的细节，此处不应停顿；大节分点主要体现动作的定势，此处可略有停顿。正确划分和把握节分点，对正确掌握功法动作、提高练功质量具有重要作用。学练动作时，首先要合理划分好节分点。例如，“调理脾胃须单举”一式，大节分点可分为两个，一个是两掌小腹前捧托的姿势，另一个是一掌上托至头顶斜上方，一掌按至胯旁的姿势。这两个大节分点比较清晰，容易做到准确、规范，但若想把整个动作连贯做好却并不容易，很多人动作路线不准确，实质是对小节分点划分不清晰造成的。此式可在中间增加两个小节分点：第一个是两掌抱于胸腹之间，上

掌指尖朝斜上方45°，下掌指尖朝斜下方45°，如同怀抱婴儿；第二个是上掌运行至额前，掌心斜朝上，下掌运至胯前，掌心斜向下。这两个小节分点，加之两个大节分点，四点相连才能形成正确的动作路线。需要注意的是，当上手下落时还应按原上托路线返回。节分点绝不仅是从规格或外形上把一个动作简单划分成若干个节点，而实质是提高功法技术水平和健身作用的关键点，是动与静、松与紧、虚与实等阴阳变化之处，是意、气、形以及劲力衔接的转换点。演练功法不仅要分清节点，而且要做到势断劲连、劲断意连、形断意不断，从而使整套功法既能节点分明、技术准确，又能连贯自然，如行云流水，如环无端，如此长期细心揣摩、认真体悟，方可不断提升练功水平。

二十三、学练健身气功·八段锦如何做到准确灵活

准确，是指学练中要做到方法清楚、动作规范、姿势工整。要达到这一要求，首先要从基本练习开始，抓住基本身型、手型、步型反复练习提高，直至达到规格要求。练功俗语讲："行家一出手，便知有没有。"为何有的人练功多年，可还是拳握不平、马步跪着腿、身型不正，主要原因便是缺乏基本功练习，日常只注重学习套路，缺乏实实在在的练功，这样就很难提高技术，基本是长期处于低水平循环，习练者应该引以为戒。在学功法动作时，应先求方，后求圆，特别是要注意三个要素，即点、线、形。学练时动作的起止点、方位角度要到位，路线方法要清楚，动作造型要工整。此时，应以功法中的定势动作站桩，拿拿劲儿，捏捏架子，找找关节肌肉和身体各部位的感觉。对于功法中的重点和难点动作，要抽出时间来单独加强练习，才能有效提高动作质

量。要切实在动作规格上下功夫，做到上体中正，下肢稳定，步型步法、手型手法清晰，动作准确工整。

所谓灵活，主要是指学练功法时，对姿势的高低、幅度、用力大小、练习量与强度，包括意念的运用、呼吸的调整等，都要根据自身的条件灵活掌握。特别是老年人和体弱者更要注意。对难度比较大或一时难以做到位的动作，应该降低标准，量力而行，切忌盲目攀比。例如，标准的马步要求膝、胯是平行于地面的，但练习中马步的高低则要根据自己的腿部力量灵活掌握。又比如，高血压、冠心病或者年老体弱者练习“两手攀足固肾腰”时，向下俯身的角度最好不要超过90°。简而言之，准确灵活在练功中就是要做到古人所言的，神明变化出乎规矩之外，又不离规矩之中，所谓从心所欲而不逾矩。

二十四、学练健身气功·八段锦为何强调用心体悟

练功实践表明，用心体悟是贯通心身的一种修为方式，是提高技能和功德修养的有效途径。学练健身气功·八段锦，用心体悟应不失本元，要围绕调身、调息、调心三者进行。要遵循技能形成的客观规律，不超越练功阶段，不违背功法技术、习练要领、理论内涵、功法特点进行实践体悟。健身气功·八段锦强调以调身为主，而意、气自在其中。主张从站桩筑基开始，由练形而入道，身正、气和、意宁后，三调自然融为一体。用心体悟，需从细微处入手。自己或别人的一句话、一个手法、一个眼神、身心的一点感受变化等，都可能给习练者提供无限的体悟空间。当然，用心体悟须是在理性思维指导下进行，要树立正念，合乎要求，绝不能蛮练盲从、胡思乱想或追求奇功异能。用心体悟离不开

习练者对功法技术、理论内涵的深钻细研和实践经验的长期积累，当诸多知识点在头脑中汇集碰撞，一旦遇到合适的时机，就会在不知不觉中迸发出灵感，获得新的感悟，对身心境界或人生生活产生积极的影响。

二十五、习练健身气功·八段锦如何选择练功方向

中国古人把人同自然看成是一个统一的整体，主张“天人相应”“天人同体”，认为天地自然是一个大周天（大宇宙），人是一个小周天（小宇宙），小宇宙要依附于大宇宙而生存、发展，人的一切活动必须与天地自然相适应。由此，古代练功家多主张练功应选取合适的方向。古人认为，日为阳，月为阴。故有些功法指出白天练功要面向太阳，夜间练功要面向月亮，以此调节人体内的阴阳平衡。五行学说强调方向与人体内脏具有对应关系，具体是“东为肝，西为肺，南为心，北为肾，中央为脾”。因此，有些功法根据五行相生相克关系，针对不同脏腑的疾病，辩证选择不同的方向练功。如《素问·遗篇刺法论》中说：“肾有久病者，可以寅时面向南，净神不乱思，闭气不息七遍，以引颈咽气顺之，如咽甚硬物，如此七遍后，饵舌下津令无数。”有的功法强调早晨面向东方练功，有助于人体气机的升发；午时面向正南练功，有助于调整人体阴阳平衡；夕阳西下面向正西练功，此时天气由发而收，心气由动而静，肺气肃降，利于大脑渐入宁静状态；半夜子时面向正北练功，则可取坎中之满补离中之虚，促使水火既济而诸病消除。此外，还有很多功法强调面向南或面向北练功，主要是因为地球的地磁方向有南、北极，练功面向南或北是顺地磁方向，利于人体生物场的磁化。应该说，以上练功方向的选择具有一些道理，但在现实生活中，由

于生活、工作、居住条件等因素的影响，不必拘泥于固定的方向。因此，习练健身气功·八段锦对练功方向没有特定要求，只要习练者自我感觉身心舒畅、视野比较开阔、外界干扰较少即可。

二十六、习练健身气功·八段锦如何选择练功时间

一天当中什么时间习练健身气功·八段锦最好，明朝高濂在《遵生八笺》“八段锦导引法”中指出：“子后午前做，造化合乾坤。循环次第转，八卦是良因。”认为“子后午前”这个时间段习练八段锦为好。古代医家和练功家通过长期实践和临床观察发现，人体的气血盛衰、运动与天地自然界的季节、气候变化有密切关系，同生物的春生、夏长、秋收、冬藏这一规律是相适应的。在一昼夜十二个时辰中，人体十二条经络的气血循环也各有其盛衰的时候。按照这一推理，在气血循行最旺盛的时候进行练功，均能取得比平时练功更好的效果，即子、丑、寅、卯……分别与十二经中的胆、肝、肺、大肠……等相结合，这就构成了传统的子午流注理论，与近代生物科学提出的所谓生物钟的理论较为近似。晋代葛洪在《抱朴子》中指出，一日一夜有十二时，其从半夜以至日中六时为生气，从日中至夜半六时为死气，死气之时，行气无益也。以上说法有一定道理，但不应拘泥于此说，要根据自己的工作、学习、生活节奏合理安排练功时间。一般来说，日出之后的清晨，空气相对比较新鲜，此时练功能吸入比其他时间更多的新鲜空气，这对健康是极为有利的；清晨的环境较白天安静，经过一夜休息的头脑又比较清醒，利于思想集中和调心入静，利于调动人体气血的运行，提高祛病强身的锻炼效果，所以选择清晨练功相对比较好。当然，一天当中任何时间练

功都是可以的。特别是现代人的生活节奏比较快，有些人习惯于早晚都练功，有些人习惯于夜晚练功，有些人习惯于午休后练功或工作间隙练功，实际都是可以的。但是，不论何时练功，每日利用固定的时间段练功最好，这样易于掌握规律，对于形成特有条件反射在时间上提供了条件，有助于练功水平的提升和练功效果的获得。

二十七、如何把握习练健身气功·八段锦的运动量

对于习练者来说，每天坚持练功当然最好，倘若时间实在不允许，应确保一周练功不少于4天。至于每天练功的运动量，可根据习练者的具体情况灵活掌握，切忌千篇一律。如果练功是为防治疾病或保养身心健康，每次练习2～3遍为宜，时间约为40分钟至1小时。如果时间或身体健康状况不允许，可以采取多次练习叠加时间的方式，既可整套练习功法，也可将功法拆开多次习练，进而保持每天一定的运动量和练功时间。如果练功是为提高技能或参加比赛交流等目的，可根据习练者自身素质采取较大运动量进行练功。但是，无论抱持何种目的进行练功，还是运用何种运动量进行练功，均要以练功后的身心反应判断运动量是否合理。凡是练功后感觉精神愉快、脉搏稳定、血压正常、食欲及睡眠良好、次日身体无不良反应的，说明运动量基本适宜。凡是练功后感觉身体明显疲劳、脉搏长时间得不到恢复、食欲不振、睡眠不佳的，说明运动量已经过大，就应及时调整降低运动量和强度。总之，要遵循循序渐进、量力而行、因人而异的原则，科学合理地安排运动量，切忌盲目攀比，急于上量上强度进行练功，反而损害身心健康。

二十八、健身气功·八段锦为何上下动作做6次、左右动作各做3次

除“背后七颠百病消”要重复练习7次外，其他各式凡是上下动作都做6次，左右动作各做3次。其原因主要有二：一是出于功法演练的总时长以及运动量和强度角度考虑，既能使功法时长控制在一定时限内以利于锻炼，也能使功法的运动量和强度更加符合人体生理学和运动学的规律，进而提高练功的效果。二是出于中国特有数字文化内涵的考虑。例如，数字“3”主要是取其“一生二、二生三、三生万物”之寓意，数字“6”主要是取其含有吉祥之意，象征练功顺遂人意、完美和谐。

二十九、习练健身气功·八段锦需要舌抵上腭吗

练功中经常有习练者问及此事，如何理解舌抵上腭？舌抵上腭一般是指舌尖贴在上齿龈处，常在预备势或特殊动作中提到，习练健身气功·八段锦如有意为之会使意念过紧，反而成为负担，且不便操作。只有当练功中身心能松静下来，杂念不起且呼吸绵绵之时，舌尖才会出现这种上抵的状态。特别是在站桩或打坐入静后，当内气在经脉中运行时，舌尖会自然抵上腭向上卷曲。

中医学认为，督脉循背，总督周身阳脉，为阳脉之海；任脉沿腹，总任一身阴脉，为阴脉之海，两脉相断于上腭和舌根，因此舌抵上腭主要目的是接通任督二脉的运行，使任督二脉之气血环流。同时，舌抵上腭可以打开舌下腺产生津液，使口腔湿润。口中津液包括涎、唾两种。

清者为涎，为脾液；稠者为唾，为肾液。唾为肾之液，是肾的精气所化，唾液分泌正常者表明肾水上行，利于心肾相交。人的唾液分泌，不仅需要体内津液充足，而且需要借助肾阳来气化、蒸腾。唾液属肾，为先天之本，涎液属脾，是后天之本。津液中含有人体需要的多种营养物质，练功中有津液咽下，称为玉液还丹，可营养五脏、强身健体、祛病延年。

三十、健身气功·八段锦收势叠掌为何男左女右

收功叠掌放在丹田时，之所以男左掌在内、女右掌在内，主要是根据男女左右阴阳有所不同的原则而定的。《内经》曰："阴阳者，天地之道也，万物之纲纪，变化之父母，生杀之本始，神明之府也，治病必求于本。"且指出"一阴一阳之谓道，偏阴偏阳之谓疾"。在具体的事物中，以天地而言，天为阳，地为阴；以人而言，男为阳，女为阴；以气血为论，气属阳，血属阴；以左右而论，左为阳，右为阴。按照中医理论来讲，男子以气为主，属阳，在左；女子以血为主，属阴，在右。故收功时，男左掌为阳在内，意为补气；女右掌为阴在内，意为补血。一是体现男子收功重在补气，女子重在补血，促进气血阴阳平衡。二是体现收功要注意阴阳二气交融并调和归元之意。三是体现《道德经》"万物负阴而抱阳，冲气以为和"这一重要养生思想。

三十一、健身气功·八段锦为何起收势均为左脚

起势时左脚先向左侧开步、收势时最后收回左脚这一功法编排，不

光在健身气功·八段锦中这样运用，其实几乎在所有健身气功和武术套路中也是同样如此，主要是因为其中蕴含有深刻的中国文化和传统医学内涵。从中国传统文化来讲，古人认为左为天、左为尊、左为阳、左主动，而视右为地、右为卑、右为阴、右主静，故日常生活中多有“尚左”“尊左”“虚左”之意识，遵从“吉事尚左，凶事尚右”之做法。功法起势时定右脚而先开左脚，中间各势动作也多采取左先动、右随之的做法，含有吉事尚左、阴随阳动之寓意。收势时定右脚、收左脚，使阳再合于阴，以把左边位置让出来，应含有“虚位以待”、等待尊者入座之内涵。从中国传统医学来讲，人体左肝右肺（中医所讲的左肝右肺，并非是指肝肺的解剖位置，而是肝肺之气的运动属性），左边是肝气，右边是肺气。左边为肝，肝主血；右边为肺，肺主气。起势时先开左脚，就是先开血脉，再迈右脚，是通气机。因为血比气的运行速度要慢，先开血脉，再通气机，推动血脉运行，才能确保血气均衡。倘若先开右脚，右边主气，气原本就比血的运行速度快，练功时血就很难跟上气之运行。收势时最后将左脚收回，则是将血脉归于气机，同样起到血气均衡之作用。

三十二、“背后七颠百病消”为何颠七次

关于“七”这个数字，经常出现在一些古籍记载、神话传说和民间风俗中，传递出多重的文化信息。一是有的认为是代表一种神秘的限度。无论是数量还是时间等，均以七为期，是作为一种神秘的周期数而存在。二是有的认为是体现生命活动的周期规律。《周易》曰：“反复其道，七日来复，天行也。”《史记》记载：“阳数成于七。”此是

天体及阴阳二气运行的自然节律。人体也存在一个以“七天”为界限的生理周期，即“七日节律”。这一节律贯穿生命始终，特别在女性身上体现得尤为明显。“背后七颠百病消”之所以要颠足七次，应是对数字“七”所代表的无限往复和生命节律文化内涵的一种体现。

三十三、如何学练“摇头摆尾去心火”

此式动作难度较大、运动变化较为复杂，摇头与摆尾上下配合的协调性要求高。学练时，应降低难度，先开步站立习练摇头，再习练转髋摆动尾闾。掌握了单个摇头、摆尾动作后，再上下结合进行练习。要注意摇头时，不可主动用力去追求动作幅度，应柔和缓慢，脖颈尽量放松。转动尾闾，不要过于屈膝，应松腰沉髋，以尾闾为力点，先向前、后、左、右四个方向练习顶髋，再绕转画圆。顶髋要充分，转动尾闾要圆活连贯，不应有夹角。如果转动尾闾的单式动作做得不好，放到整式练习中去纠正将是徒劳的。学练此式动作贵在分清节分点。第一个节分点是动作三，重心向上稍升起，主要是缓解一下两腿和髋关节肌肉的紧张度，便于尾闾的转动，起到衔接下动的作用。第二个节分点是动作四，上体右倾约45°，注意移重心时左侧髋部不要掀起，左膝稍弯曲，脖颈和右腰侧放松。第三个节分点是动作五，向右前方俯身时，左肩不要下压，臀部不可掀起，尽量拉长腰脊，随向下俯身成右偏马步。第四个节分点是动作六，上体不要直起，尽量保持俯身向左旋转腰脊，右肩不要向下压，步型是由右偏马步移成左偏马步，目光经右脚内侧转至脚跟。第五个节分点是动作七，是摇头摆尾去心火一式的主体动作。当向右顶髋时，头要同时向左稍摇动，随之向上转脸，仰面观天，留住头，即头不再主动后摇，随向左后方转髋，摆动尾闾，内劲由尾闾沿脊柱螺旋上升至颈部时，头顶会随着脊柱立起而自然转向正后方。此时头保持不动，眼向上看，塌住腰，尾闾上翘。整个动作过程，注意摇头时不要挺胸，脖颈放松，动作柔缓，不主动向后旋转，能留住头是做好该动的关键。转髋、摆动尾闾，不可向前展腹，要提肛、收腹，动作圆活连贯。第六个节分点是动作八，注意同时收下颏、收尾闾，立项竖脊，重心垂直下沉，膝关节不超过脚尖，立身中正，气沉丹田。以上六个主要节分点，每次练习时可以口令指挥，在节分点处要停住进行纠正和检查动作，肌肉找到感觉后再做下动。只有反复练习体会要领，将节分点做准确了，并能处理好节分点之间的衔接后，再把动作连贯起来练习，才能做到运转自如。动作还没有熟练前，不应配合调息练习，要注意顺其自然地呼吸。

三十四、如何处理精练一套功法与多学功法的关系

古语讲，“法贵精专”。初学者一旦选定了健身气功·八段锦，最好就要专一持续地练下去，不要见异思迁、朝秦暮楚，没过几天又学练其他功法。习练健身气功，是通过形、气、神三位一体的锻炼建立一个新的生命运动秩序，随着生命运动有序化程度的提高，人体生命力也会得到相应提升。任何一门功法都有其特有的气血运行规律，长期坚持习练一个功法，习练者的生命活动就容易变得有节奏和有序化。如果同时学练多套功法，由于每套功法内在运行要求的不同，习练者的生命运动反而不易形成有序化。至于练功要博采众家之长的说法，绝不是针对初学者而言，而应是对练功至相当层次和水平者所说的。目前推广普及的

各套健身气功功法，无论从其技术要点分析，还是从其作用原理来看，大抵是基本相同的。广泛的群众练功实践证实，将这些健身气功功法结合起来锻炼，可以收到相得益彰、相互补充的健身效果。然而，毕竟每一种功法还有其自身特色，这就决定了人体内部气血运行的规律必然存在些差异。因此，建议初学健身气功·八段锦者，最好还是先对这一功法作全面的掌握，之后再兼练其他健身气功功法，以提高锻炼效果。当学练一种功法达到较高水平后，因其中规律、技术要求基本相同，会带动其他所学功法的提高。要避免功法学了不少，却技术一般，一直在低水平循环的现象。

三十五、如何处理集体练功与个人练功的关系

古人练功多为师徒之间口传心授，习练者大都身居密室独自练功，极少与外界进行接触。健身气功·八段锦推广普及以来，由站点逐渐走进了社区、学校、俱乐部、办公场所等地，随着交流展示等不同活动形式的扩展，同时存在集体练功和个人练功的两种形式。从群众广泛练功的实践来看，集体练功不仅利于相互学习、交流和帮助，而且良好的群体练功氛围能有效改善个人的心理和精神状态，但也易于产生程度不同的相互干扰，尤其是难以满足所有习练者的个体要求。个人练功则利于专心细致，按自己的运动节律体会练功，对深化功法技能、提升练功水平具有积极作用。因此，我们提倡集体练功和个人练功要有机结合。多参与集体练功，能充分发挥群体练功的优势，帮助习练者学到更多的功法知识和掌握功法技能，但必须通过个人持续的练功，才能不断提升练功水平。

三十六、习练健身气功·八段锦是否必须使用伴奏音乐

一般而言，使用功法伴奏音乐的主要目的，一是可以帮助记忆熟练动作、掌握演练节奏、提高练习兴趣；二是可以帮助排除杂念、疏解紧张情绪，使习练者尽快进入练功状态；三是集体演练时容易做到整齐划一、节奏鲜明。当功法动作熟练后，习练者可以采取不配乐的方式演练功法，根据自己的运动节奏、呼吸频率和体会进行练习，效果会更佳。

健身气功·八段锦指定功法伴奏音乐的节奏比较舒缓，旋律轻松愉快，特别是富有民族传统文化特色的风格，较适合于普通练功者演练使用。注意若选择其他乐曲作为伴奏音乐时，要选择节奏舒缓轻松的乐曲，这样既利于引导习练者进入练功状态，也利于体现健身气功·八段锦的功法特点。如选择的伴奏音乐过于轻快或低沉，会使练习者的心气浮躁、涣散而不聚，从而影响练功的效果。

三十七、习练健身气功·八段锦为何要同时注重合理膳食的搭配

合理膳食是指饮食所提供的营养必须能满足人体生长、发育和各种生理、体力活动的需要。合理膳食可以达到祛病强身、促进健康的目的，科学练功可以增强人体机能、优化健康状态。应该说，合理膳食和科学练功都是维持和促进人体健康的重要因素，两者结合可更有效提升健康水平。否则，仅注重膳食营养而缺乏练功，容易使人肌肉松弛，肥胖无力，身体机能减弱；而缺乏必要膳食营养保证的练功，

体内消耗的物质倘若得不到有效的补偿，则容易对身体健康造成不良影响。科学研究也证实，膳食质量、摄取量与练功运动量有着密切的联系。要想获得良好的练功效果，需要有科学的营养膳食作保证；练功后若不注意膳食营养调节，容易使习练者身体机能下降，并出现乏力、疲劳等不适症状。由此可见，练功与营养膳食相结合会让锻炼效果更加明显。

三十八、为何习练健身气功·八段锦前不宜吃得过饱，功前、功后不宜饮食生冷食物

练功过程中要求习练者精神内守，肢体做规律性运动，此时体内的气血主要集中于运动器官，胃肠等消化系统相对处于抑制和缺血状态，自然消化腺的分泌会减少，消化能力会减弱。如果吃得过饱即刻练功，消化不彻底的食物就会积于胃肠，容易对人体造成健康危害。食物通常在进食一小时后就能充分消化了，这时再开始练功的效果会比较好。此外，习练者功前功后倘若饮食生冷食物，胃肠往往难以抵御寒邪的进攻，容易寒阻中焦，损伤脾胃，有害身体健康。

三十九、健身气功·八段锦与太极拳有何异同

健身气功·八段锦与太极拳同源于中国传统文化这一沃土，必然同受中国传统哲学（儒、释、道）和医学思想的指导，并在理论技术上有着密切联系。在运动规律上，无论是健身气功·八段锦还是太极拳，均是强调形、气、神三位一体的综合锻炼，倡导松静自然、绵缓

柔和、圆活连贯、练养相兼的运动风格特点和强身健体、修身养性的锻炼效果。但是，两者仍存有本质区别。太极拳具有武术的属性，其本质是技击，每一个技术动作都蕴含着特定的进攻和防守技法。学练方法也有所不同，在提高演练水平的同时，还要注重技击能力的提高。而健身气功·八段锦具有养生的属性，其本质是祛病强身、延年益寿，其动作是依据人体生理特点、传统中医的藏象、经络学说和气血理论编创而成，是针对某些疾病的康复治疗而精心设计的。此外，太极拳的技法比较复杂，难度比较大，对学练者身体素质要求相对较高。健身气功·八段锦则动作简单，相对地易于学练，健身养生效果明显。

四十、习练健身气功·八段锦会不会出偏

练功出偏是指人的机体在生理和心理上出现较为严重的功能紊乱。造成的原因主要是在呼吸与意念操作不得法上，也就是人们常说的“走火”与“入魔”。健身气功·八段锦是以肢体活动为主的导引术，对呼吸和意念的要求不像静功和有些动功要求的那么高，且操作方法简单易行，练习时大脑能始终处于觉醒状态。因此，只要按健身气功·八段锦技术规范和习练要领去做，就不可能出偏差。当然，在练习过程中，个别初学者出现头晕、恶心、手足麻木、心慌气短等现象，这多与在体质虚弱、休息不好和身体不舒服情况下还坚持练习，或过于认真而出现的精神紧张有关。只要停止练习，稍加休息，症状即可消除。也有练习后感到身体不适的，这主要与运动量过大有直接关系，应循序渐进，量力而行。

四十一、如何理解“功夫在功外”

“功夫在功外”这句话，源自宋代大诗人陆游的典故。陆游为教导其儿子如何行文作诗，在《示子遹》中指出，“我初学诗日，但欲工藻绘，中年始少悟，渐若窥宏大……汝果欲学诗，功夫在诗外”，以此告诫其子除学习作诗基本知识外，还要在生活中不断提升修为、学养、操守、道德等。之后，“功夫在诗外”慢慢被修改成“功夫在功外”，并用于各个行业来提醒自己，加强在日常生活中的锤炼。对于健身气功·八段锦习练者而言，除了刻苦练功、钻研技术、努力学习功法及相关理论外，更重要的是要修心、陶冶情操、注重道德涵养。德为功之母，练功修德如同车之两辕、鸟之两翼，缺一不可。“欲修其身，先正其心”，讲究“以德培功”。在日常生活中要排除七情六欲的干扰，调节不良情绪，克制私欲，使心态平衡，行为符合社会思想道德标准。健身气功的锻炼过程本身就包含了思想意识的修炼，而且是在功法之上。如此修炼才能达到身心合一、人社合一、天人合一。

四十二、健身气功·八段锦与传统八段锦有何关联

与传统八段锦相比，健身气功·八段锦既是对历史传统的继承，也是适应时代的新发展。首先，对继承传统的主要表现：一是对导引练形、保健脏腑健身养生思想的继承。二是对传统八段锦歌诀的继承。三是对八段锦八个固定图势的继承。其次，对适应时代发展的表现：一是功法技术更加合理。不仅增加了起式、收式和每式间的衔接动作，而且

调整了功法歌诀顺序，将“背后七颠百病消”移至最后一式，并规范了每式练习次数，使整套功法的结构、衔接等更加合理，功法时长、锻炼负荷等更加符合现代人的身心特点和人体生理学规律。在注重肢体锻炼的前提下，又丰富了意、气、形的操作内容，突出了起于桩、行于桩、止于桩的功法要求，加强了脊柱及肢体远端关节的锻炼，既强化了健身气功的项目特点，也提升了学练的效果。二是功法理论体系更加完善。既提炼形成了功理要旨、健身效果、学练方法、练功阶段、教学练功须知等系列功法理论，也对中国传统文化、健康生活方式有了延展认知；既从中国传统养生文化视角进行了总结提升，也运用现代科学知识和手段进行了诠释。

参考文献

[1] 南宋·曾慥. 道枢·众妙篇. 国家图书馆馆藏本.
[2] 南宋·晁公武. 郡斋读书志. 国家图书馆馆藏本.
[3] 南宋·陈元靓. 事林广记·修真秘旨. 国家图书馆馆藏本.
[4] 宋·洪迈. 夷坚志. 国家图书馆馆藏本.
[5] 宋末元初·马端临. 文献通考. 国家图书馆馆藏本.
[6] 道藏·灵剑子引导子午记. 国家图书馆馆藏本.
[7] 明·冷谦. 修龄要旨. 国家图书馆馆藏本.
[8] 明·高濂. 八段锦. 国家图书馆馆藏本.
[9] 修真十书. 国家图书馆馆藏本.
[10] 景印文渊阁四库全书. 国家图书馆馆藏本.
[11] 清·慈山居士. 老老恒言. 国家图书馆馆藏本.
[12] 清·山阴娄杰. 八段锦坐立功图诀. 国家图书馆馆藏本.
[13] 新出保身图说·八段锦. 国家图书馆馆藏本.
[14] 马王堆汉墓帛书导引图. 文物出版社.
[15] 清·梁世昌. 易筋经图说. 国家图书馆馆藏本.
[16] 释达摩祖师. 易筋经. 国家图书馆馆藏本.
[17] 卓大宏，等. 中国古代健身法八段锦 [M]. 人民体育出版社，1957.
[18] 唐豪，等. 八段锦 [M]. 人民体育出版社，1958.
[19] 三浦英夫. 八段锦 [M]. 日本太极拳协会出版.
[20] 顾留馨. 太极拳术 [M]. 上海教育出版社，1982.
[21] 曹希亮. 中医健身术 [M]. 陕西科学技术出版社，1983.
[22] 马济人. 中国气功学 [M]. 陕西科学技术出版社，1983.
[23] 邓铁涛，等. 八段锦与健康 [M]. 广东科技出版社，1985.

［24］周稔丰. 气功导引养生［M］. 天津大学出版社，1988.
［25］山东高校《传统体育保健》编写组. 传统体育保健［M］. 石油大学出版社，1988.
［26］李鸿文. 八段锦［M］. 吉林科学技术出版社，1989.
［27］丁瑞生，等. 中国传统健身法［M］. 科学技术文献出版社重庆分社，1989.
［28］荣亮，等. 吐纳导引［M］. 武汉出版社，1989.
［29］胡春申. 中国气功学［M］. 四川大学出版社，1989.
［30］阎海，等. 中国传统健身术［M］. 人民体育出版社，1990.
［31］藏单飞. 千家气功精粹［M］. 奥林匹克出版社，1990.
［32］薛立功，等. 中国医学气功［M］. 黑龙江科学出版社，1990.
［33］陶弘景，等. 养生导引秘籍［M］. 中国人民大学出版社，1990.
［34］王敬，等. 中国古代秘传气功［M］. 北京科学技术出版社，1991.
［35］张广德. 导引养生功养生卷［M］. 山东文艺出版社，1991.
［36］余功保. 中国古代养生术百种［M］. 北京体育学院出版社，1991.
［37］李远国. 中国道教气功养生大全［M］. 成都：四川辞书出版社，1991.
［38］徐平. 气功学［M］. 科学出版社，1992.
［39］沈寿. 导引养生图［M］. 人民体育出版社，1992.
［40］罗时金. 气功自学要领［M］. 东南大学出版社，1993.
［41］钱云. 体育气功学［M］. 北京体育学院出版社，1993.
［42］刘吉. 养生大典［M］. 湖南文艺出版社，1993.
［43］黄政德. 古代实用养生方法荟萃［M］. 湖南文艺出版社，1993.
［44］林国明. 中华医学气功［M］. 高等教育出版社，1993.
［45］张广德. 自律调节养生术［M］. 河北人民出版社，1994.
［46］郝勤. 导引养生［M］. 巴蜀书社，1995.
［47］张志华，章和，夏丰嘉. 天然养生术［M］. 上海远东出版社，1995.
［48］罗禅，等. 古今实用养生法［M］. 四川人民出版社，1995.
［49］曲元. 实用养生法［M］. 甘肃人民出版社，1995.

[50] 吴志超. 导引养生史论稿 [M]. 北京体育大学出版社，1995.
[51] 周稔丰. 八段锦大法 [M]. 天津大学出版社，1996.
[52] 朱鹏飞，等. 中国气功大全 [M]. 天津人民出版社，1996.
[53] 陈盛甫. 陈盛甫养生功 [M]. 人民体育出版社，1996.
[54] 张岫峰. 中国传统养生学 [M]. 新华出版社，1996.
[55] 傅静义. 气功教程 [M]. 新疆人民出版社，1998.
[56] 窦永起，等. 实用传统养生法 [M]. 人民军医出版社，1998.
[57] 汪茂和，等. 历代养生养性论选译 [M]. 中国青年出版社，1998.
[58] 施仁潮. 中华气功导引养生宝典 [M]. 上海科学技术文献出版社，1998.
[59] 陈楠. 中华养生全书 [M]. 九洲图书出版社，1999.
[60] 丁继华，等. 中国传统养生珍典 [M]. 人民体育出版社，1999.
[61] 方春阳，等. 中国气功大全 [M]. 吉林科学出版社，1999.
[62] 刘天君. 中医气功学 [M]. 人民卫生出版社，1999.
[63] 虞定海. 中国传统保健体育与养生 [M]. 上海科学技术出版社，2001.
[64] 国家体育总局健身气功管理中心. 健身气功社会指导员培训教材 [M]. 人民体育出版社，2007.
[65] 周伟良. 中华民族传统体育概论高级教程 [M]. 高等教育出版社，2003.
[66] 国家体育总局健身气功管理中心. 健身气功·八段锦 [M]. 人民体育出版社，2003.

附录一　人体经络穴位图

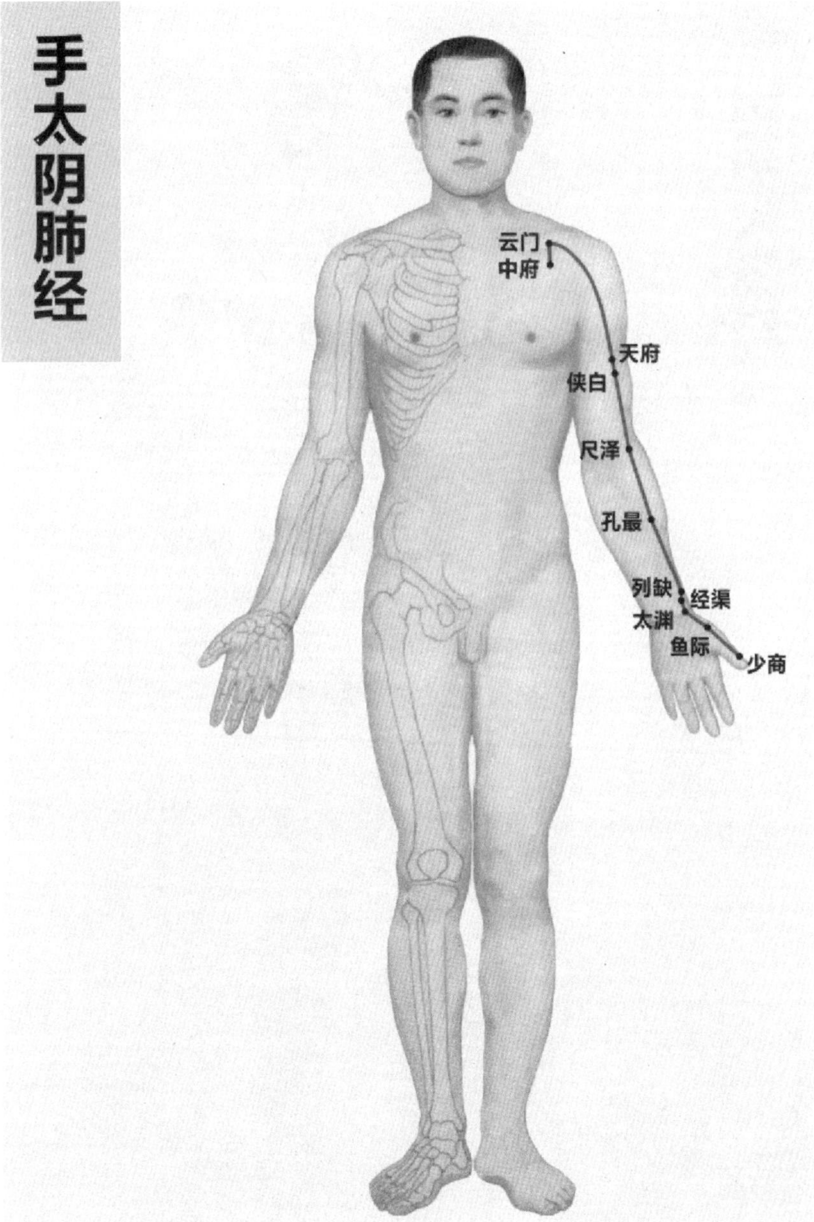

手阳明大肠经

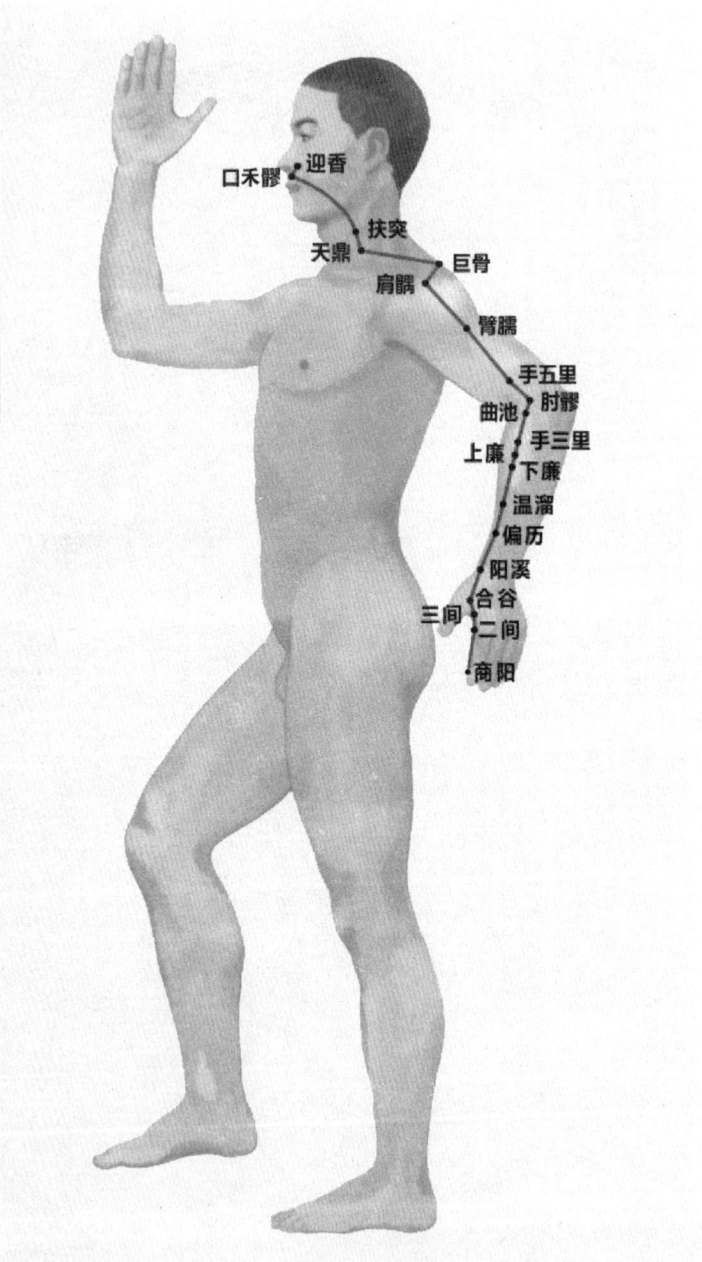

足阳明胃经

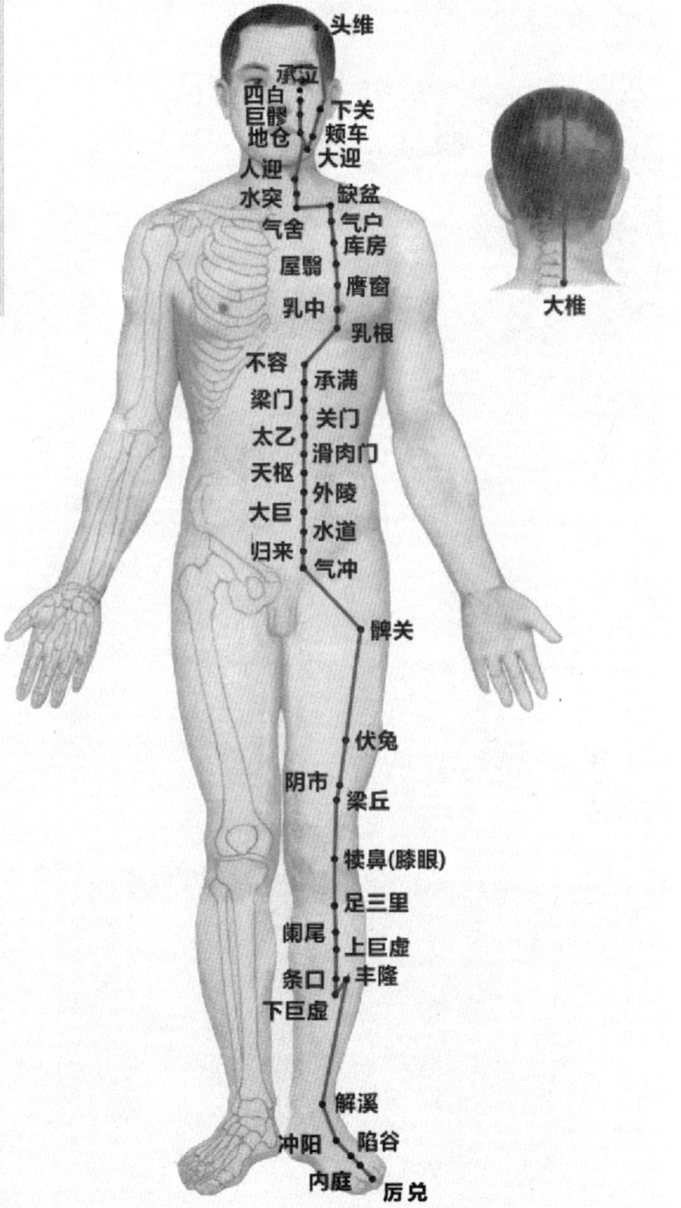

头维
承泣
四白
巨髎
地仓
下关
颊车
大迎
人迎
水突
缺盆
气舍
气户
库房
屋翳
膺窗
乳中
乳根
不容
承满
梁门
关门
太乙
滑肉门
天枢
外陵
大巨
水道
归来
气冲
髀关
伏兔
阴市
梁丘
犊鼻(膝眼)
足三里
阑尾
上巨虚
条口
丰隆
下巨虚
解溪
冲阳
陷谷
内庭
厉兑
大椎

足太阴脾经

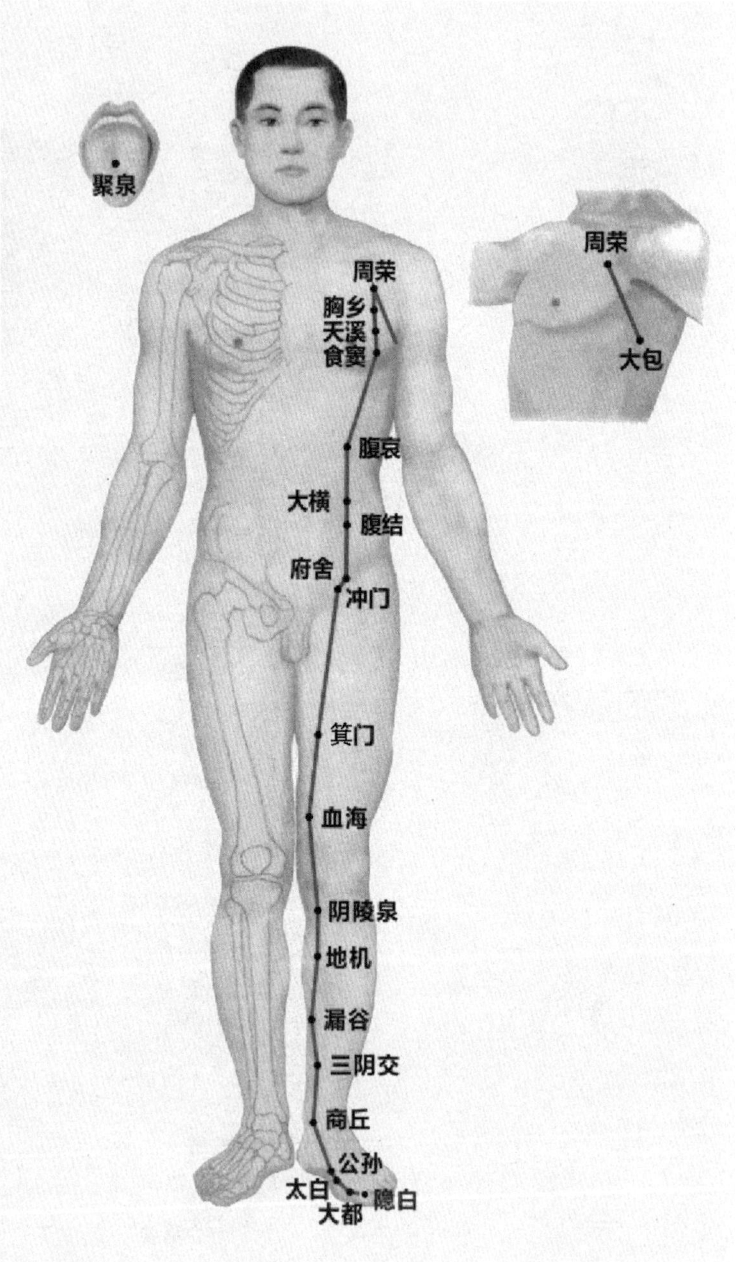

手少阴心经

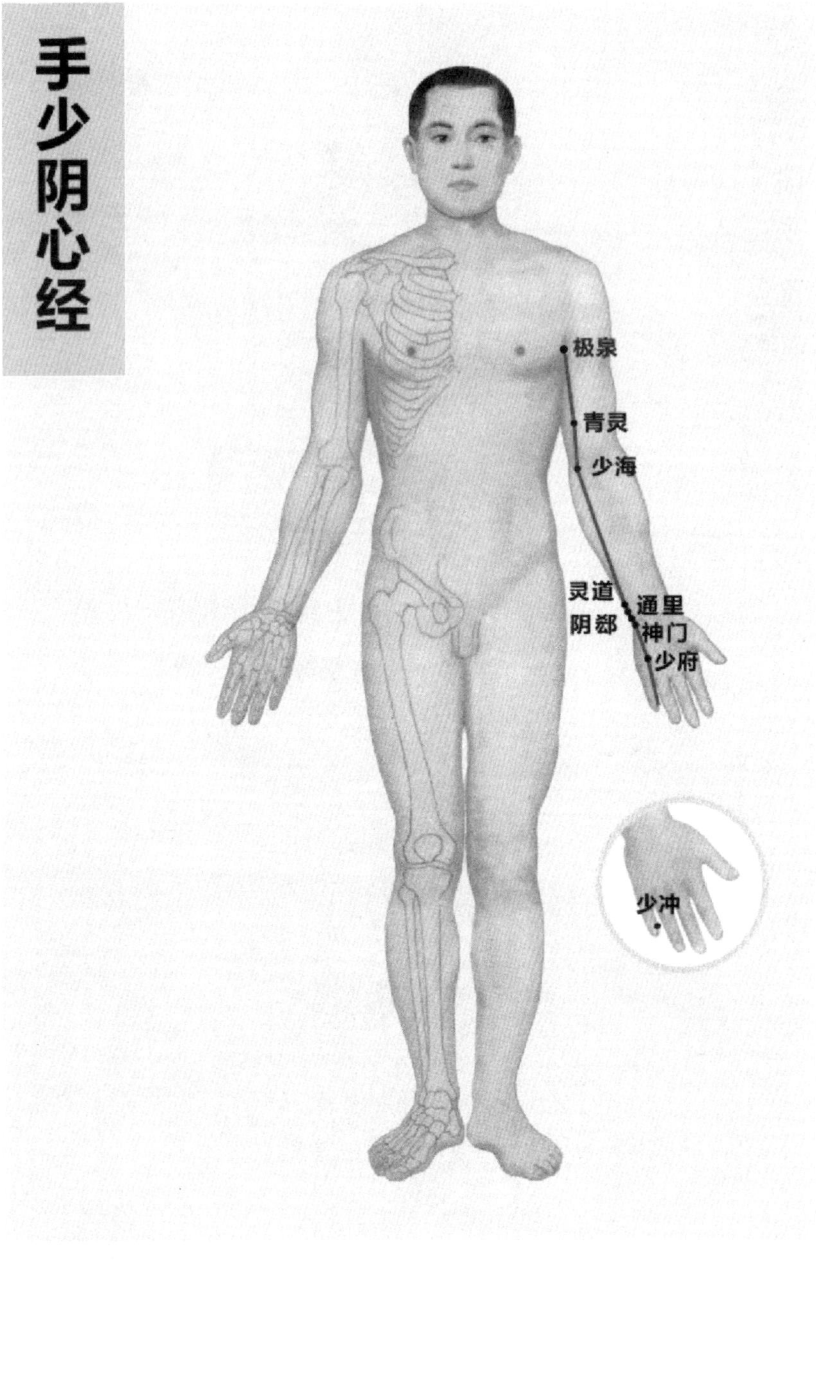

手太阳小肠经

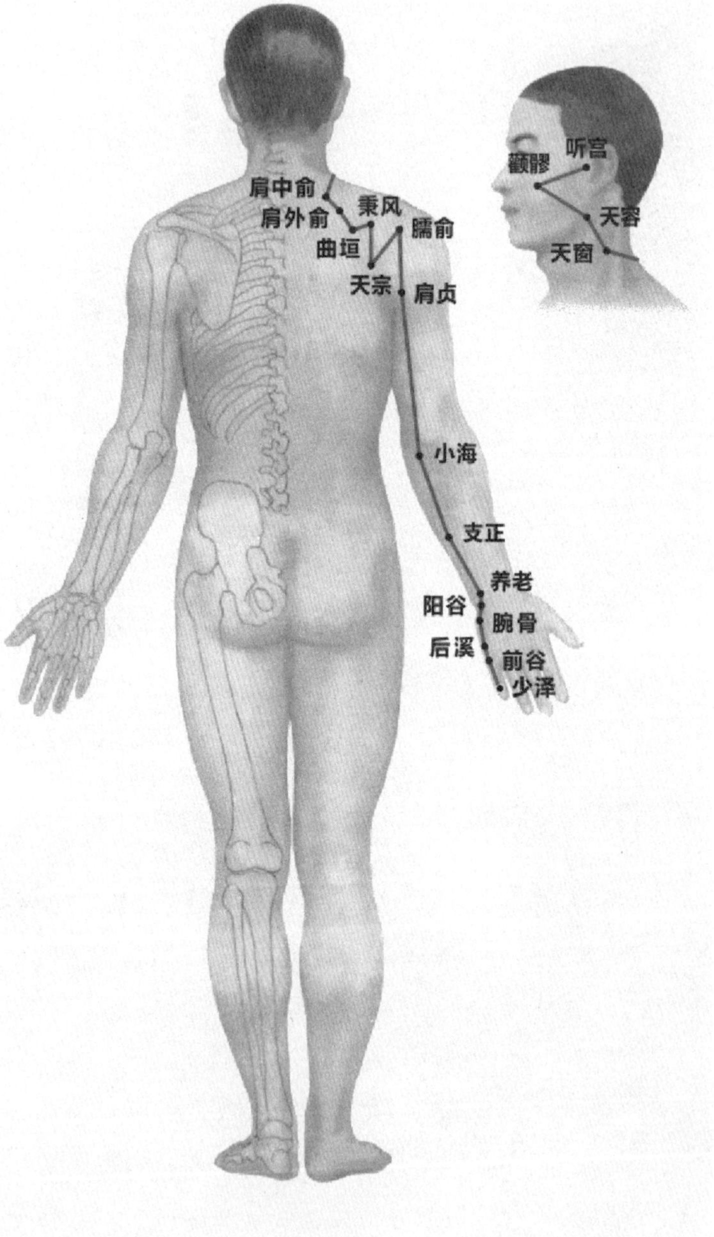

足太阳膀胱经

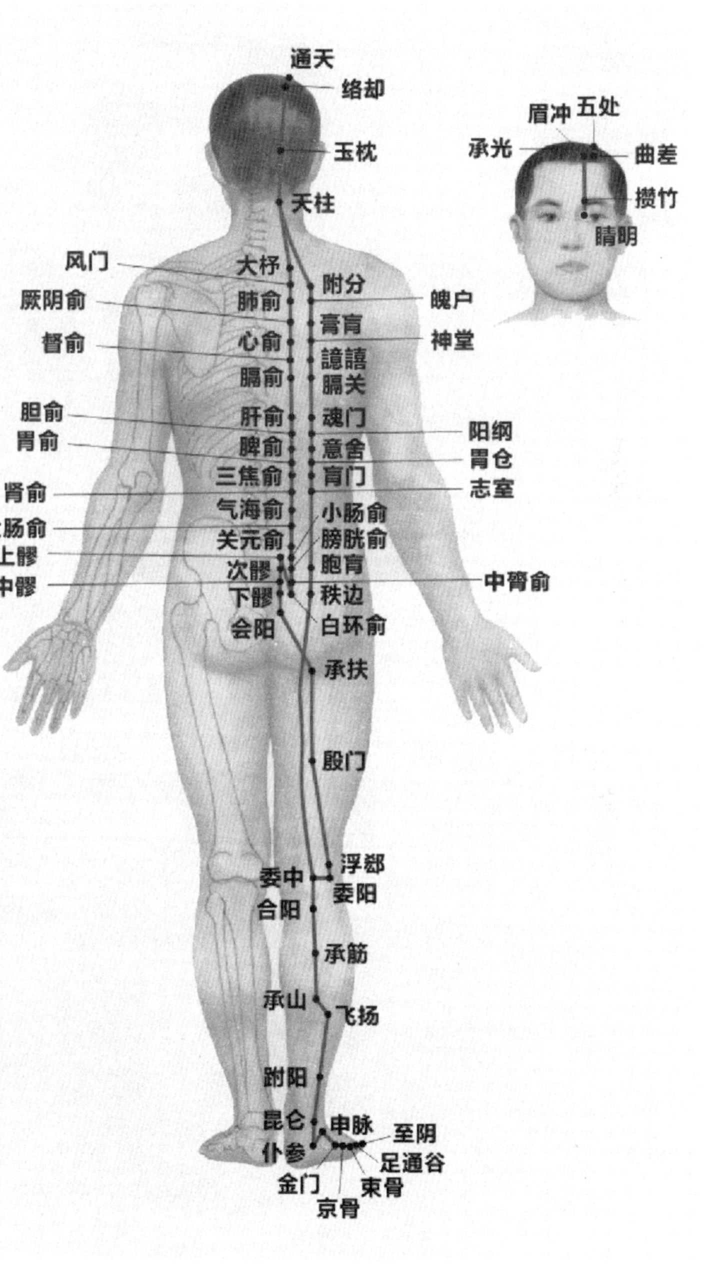
通天
络却
玉枕
天柱
眉冲
五处
承光
曲差
攒竹
睛明
风门
大杼
附分
肺俞
魄户
厥阴俞
膏肓
心俞
神堂
督俞
譩譆
膈俞
膈关
胆俞
肝俞
魂门
阳纲
胃俞
脾俞
意舍
胃仓
三焦俞
肓门
肾俞
志室
气海俞
小肠俞
大肠俞
关元俞
膀胱俞
上髎
次髎
胞肓
中髎
中膂俞
下髎
秩边
会阳
白环俞
承扶
殷门
浮郄
委中
委阳
合阳
承筋
承山
飞扬
跗阳
昆仑
申脉
至阴
仆参
足通谷
金门
束骨
京骨

足少阴肾经

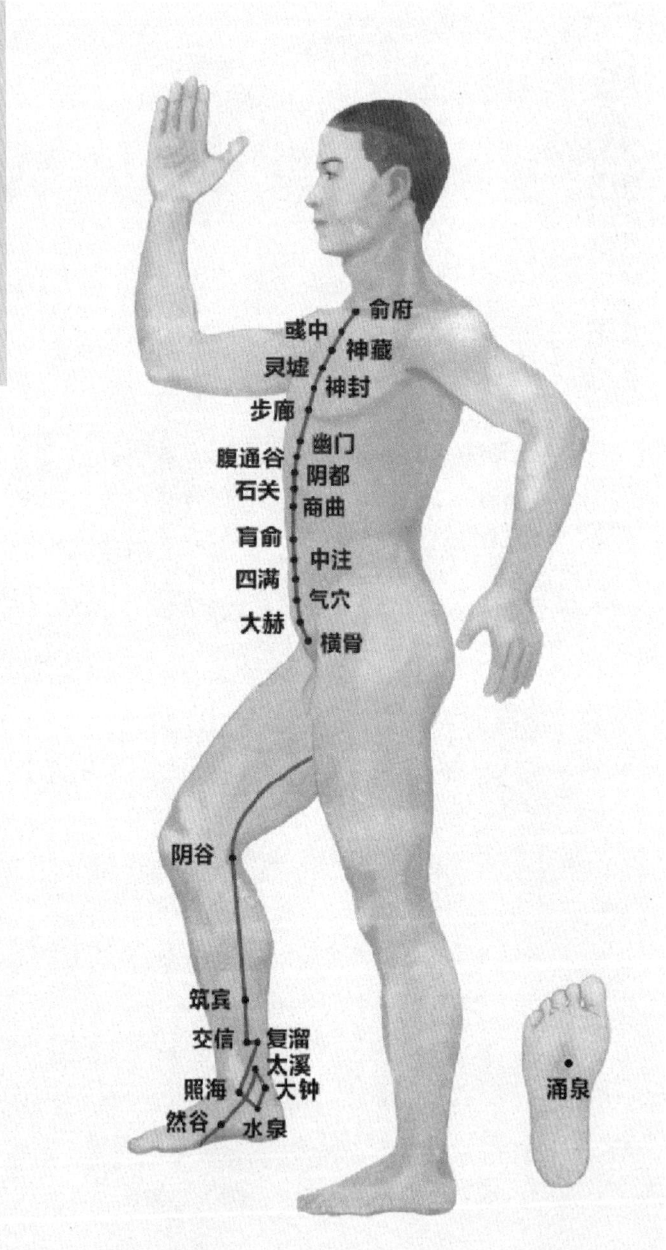
俞府
彧中
神藏
灵墟
神封
步廊
幽门
腹通谷
阴都
石关
商曲
肓俞
中注
四满
气穴
大赫
横骨
阴谷
筑宾
交信
复溜
太溪
照海
大钟
然谷
水泉
涌泉

手厥阴心包经

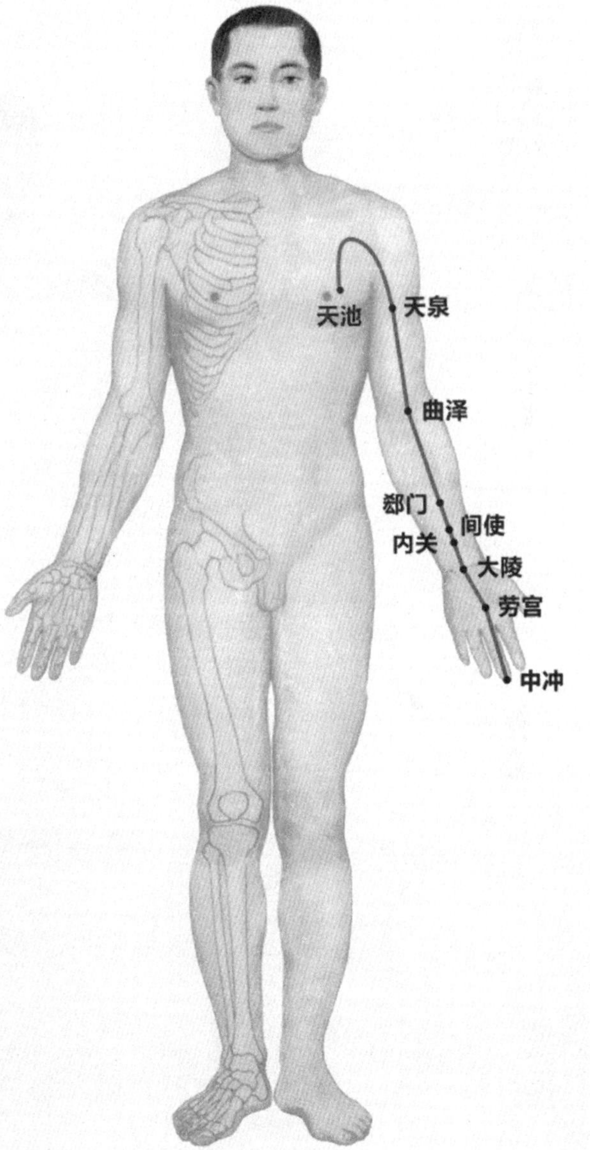

手少阳三焦经

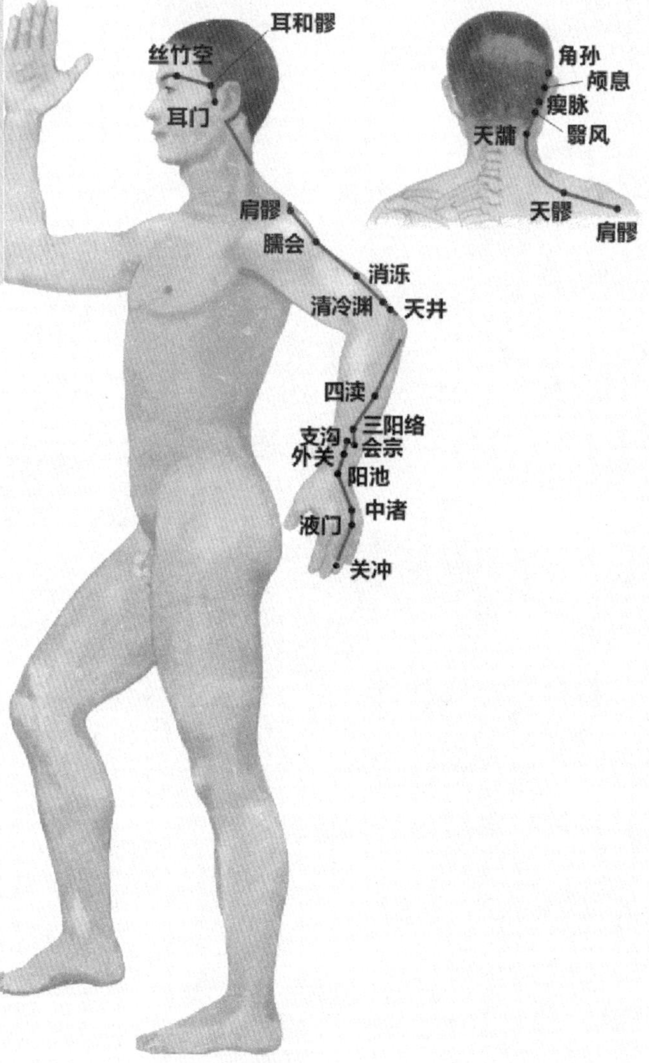
耳和髎
丝竹空
耳门
肩髎
臑会
消泺
清冷渊
天井
四渎
三阳络
支沟
会宗
外关
阳池
中渚
液门
关冲
角孙
颅息
瘈脉
翳风
天牖
天髎
肩髎

足少阳胆经

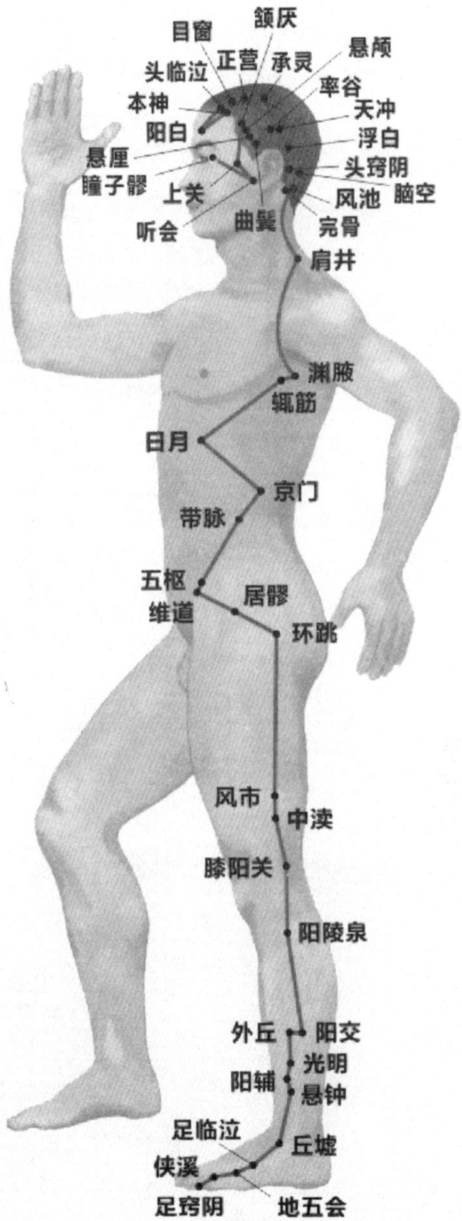

目窗
颔厌
正营
承灵
悬颅
头临泣
率谷
本神
天冲
阳白
浮白
悬厘
头窍阴
瞳子髎
上关
风池
脑空
听会
曲鬓
完骨
肩井
渊腋
辄筋
日月
京门
带脉
五枢
维道
居髎
环跳
风市
中渎
膝阳关
阳陵泉
外丘
阳交
光明
阳辅
悬钟
足临泣
丘墟
侠溪
足窍阴
地五会

足厥阴肝经

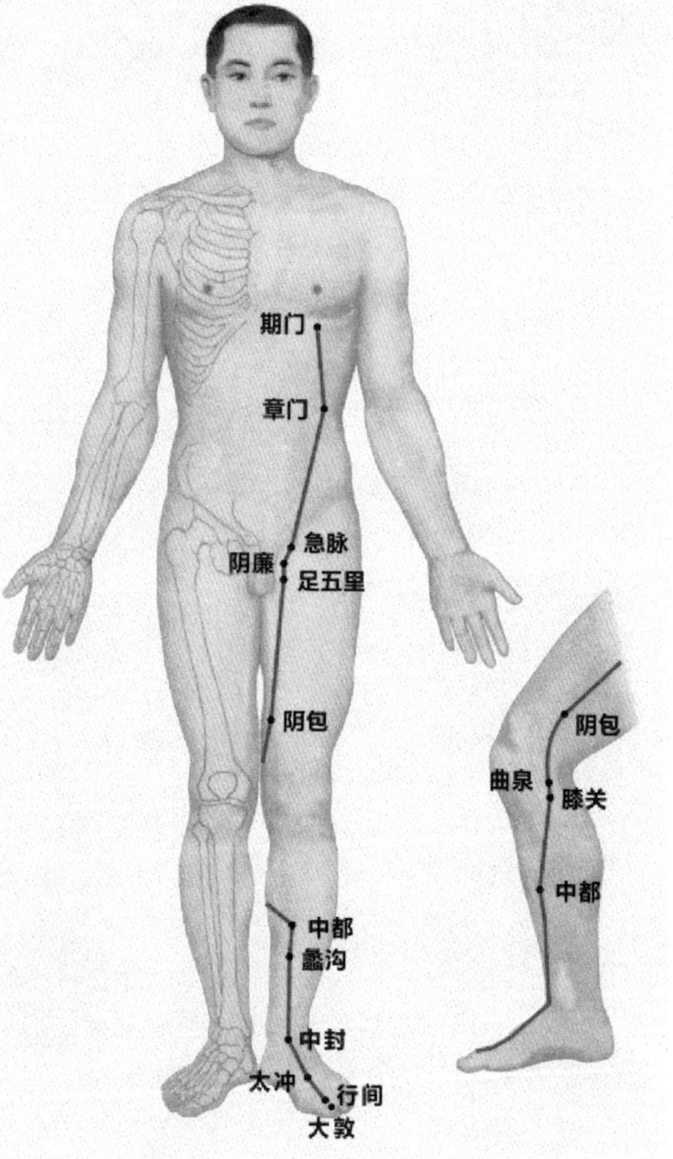

任脉

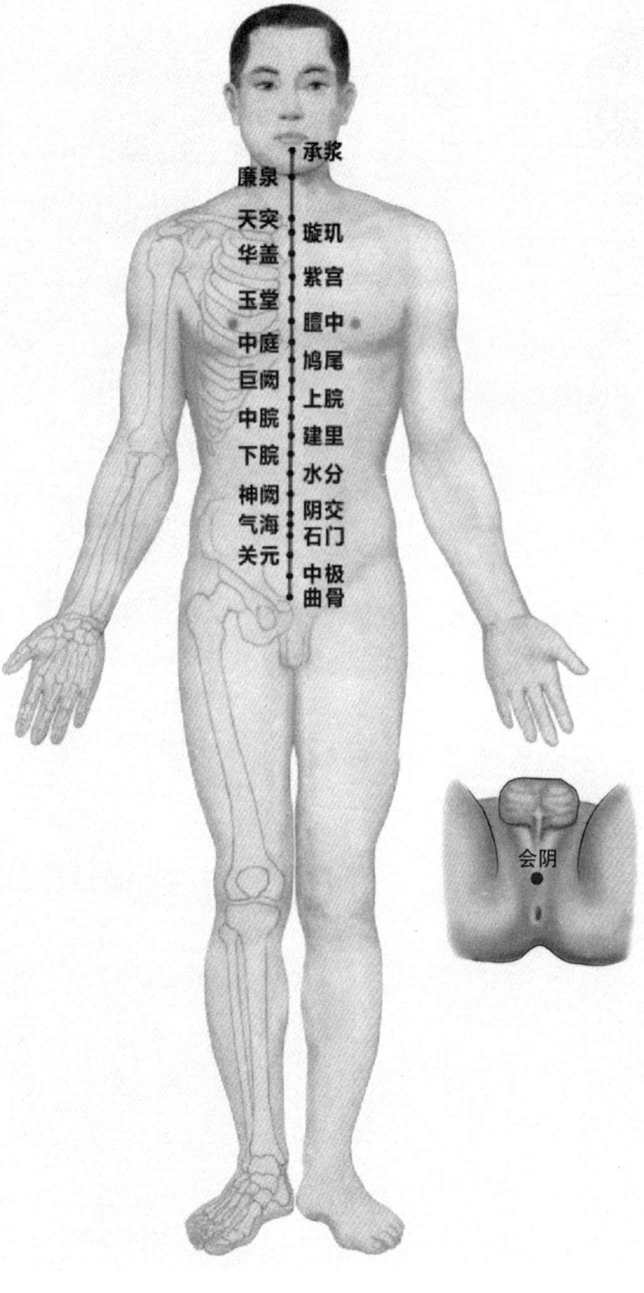

督脉

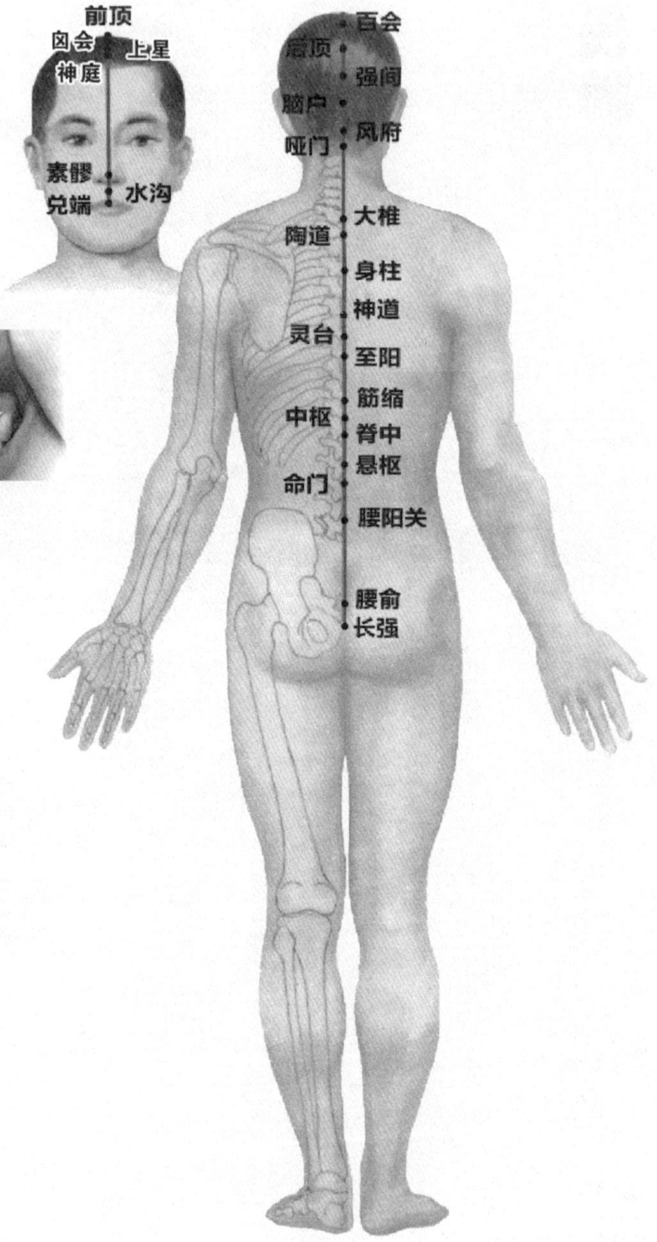

前顶
囟会
上星
神庭
素髎
水沟
兑端
百会
后顶
强间
脑户
风府
哑门
大椎
陶道
身柱
神道
灵台
至阳
筋缩
中枢
脊中
悬枢
命门
腰阳关
腰俞
长强

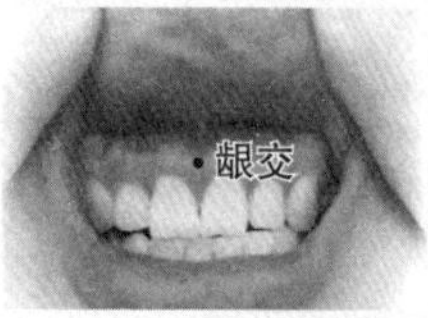

龈交

附录二　人体脏腑图

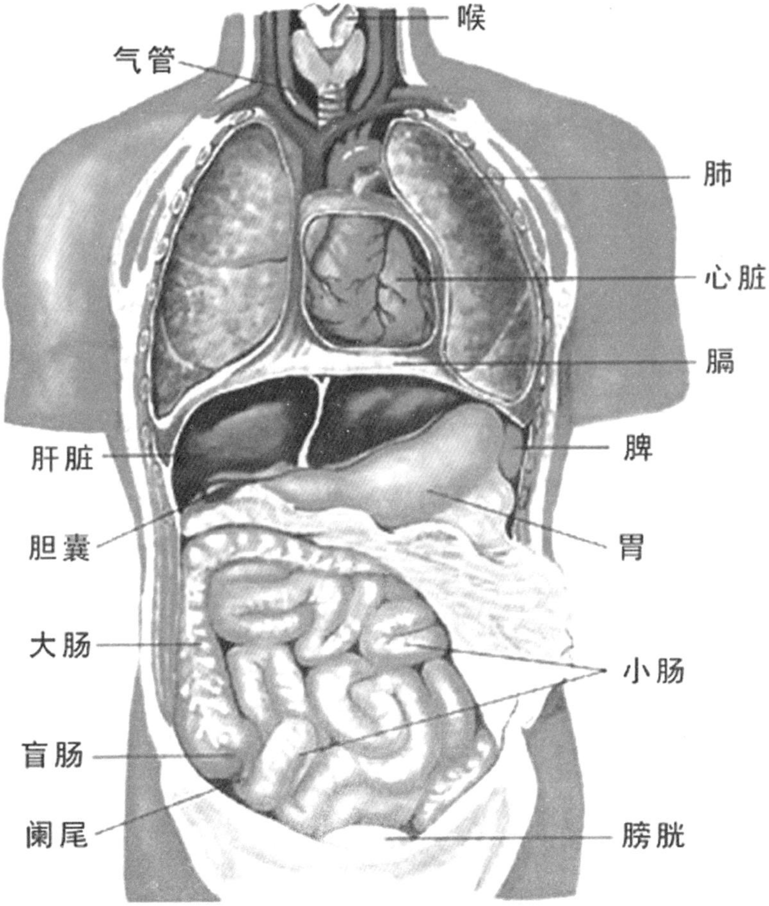

附录三　人体浅层肌肉图

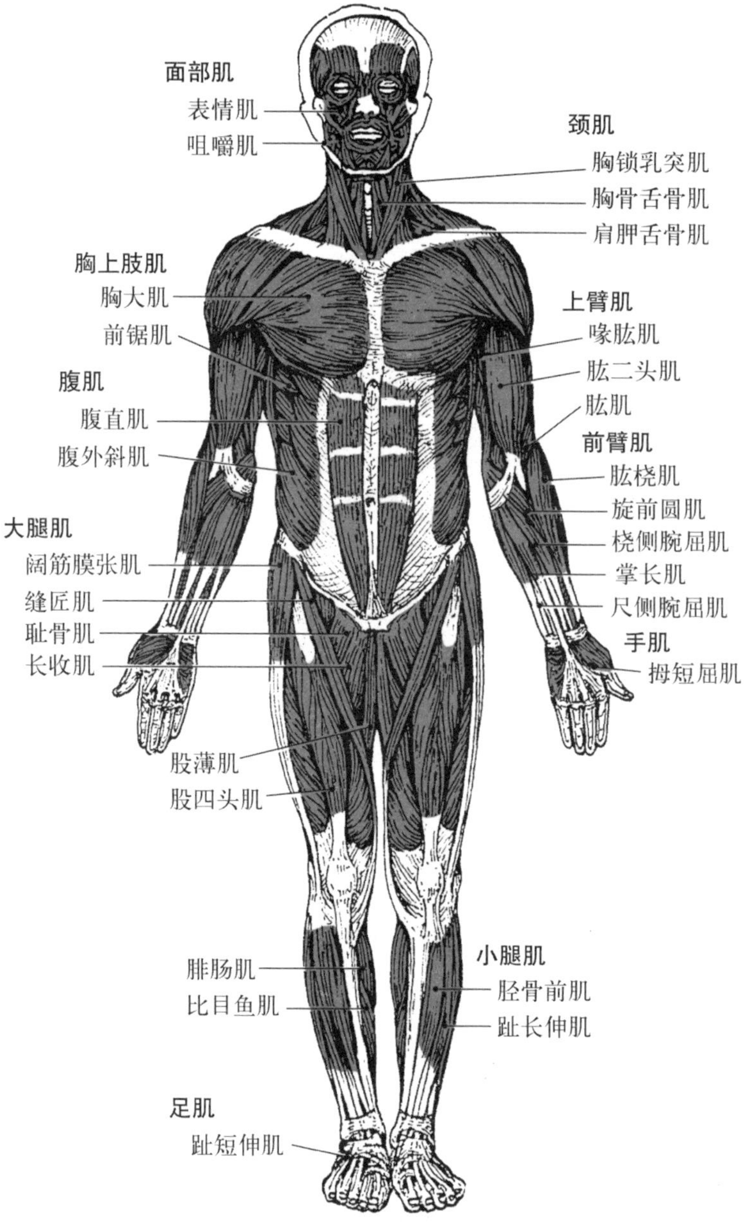

全身浅层肌肉（前面）

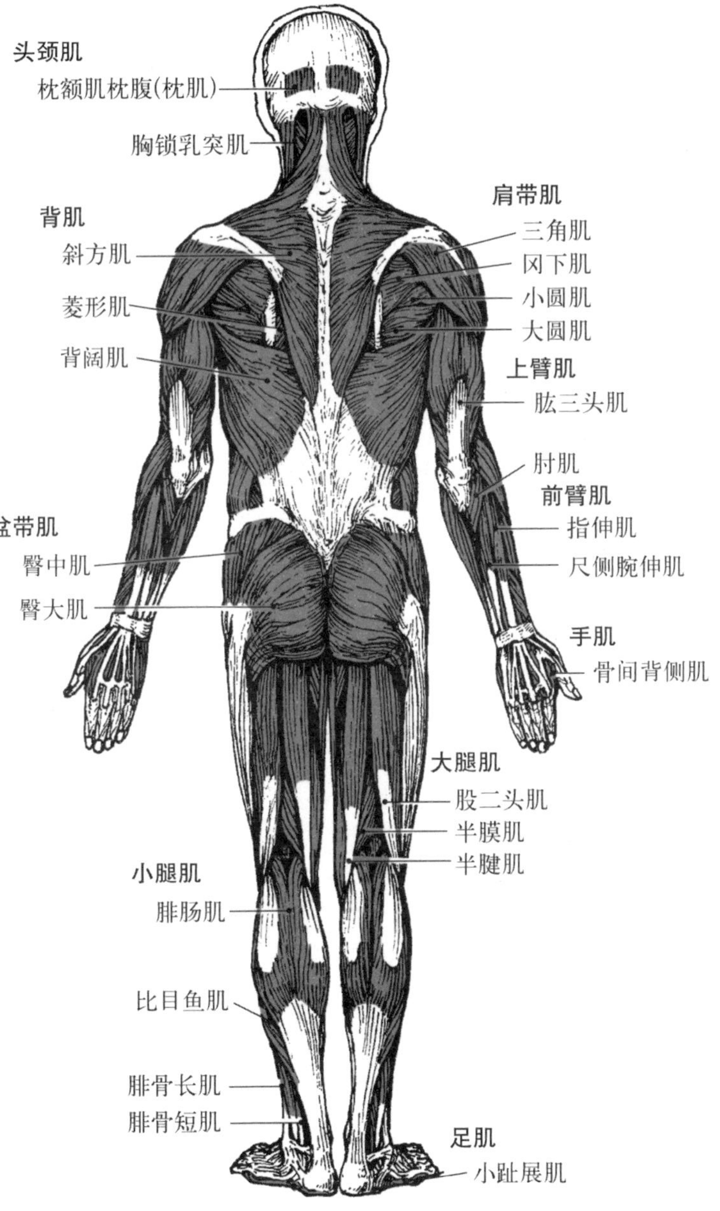
头颈肌
枕额肌枕腹(枕肌)
胸锁乳突肌
背肌
斜方肌
菱形肌
背阔肌
盆带肌
臀中肌
臀大肌
肩带肌
三角肌
冈下肌
小圆肌
大圆肌
上臂肌
肱三头肌
肘肌
前臂肌
指伸肌
尺侧腕伸肌
手肌
骨间背侧肌
大腿肌
股二头肌
半膜肌
半腱肌
小腿肌
腓肠肌
比目鱼肌
腓骨长肌
腓骨短肌
足肌
小趾展肌

全身浅层肌肉（背面）

附录四　人体骨骼图

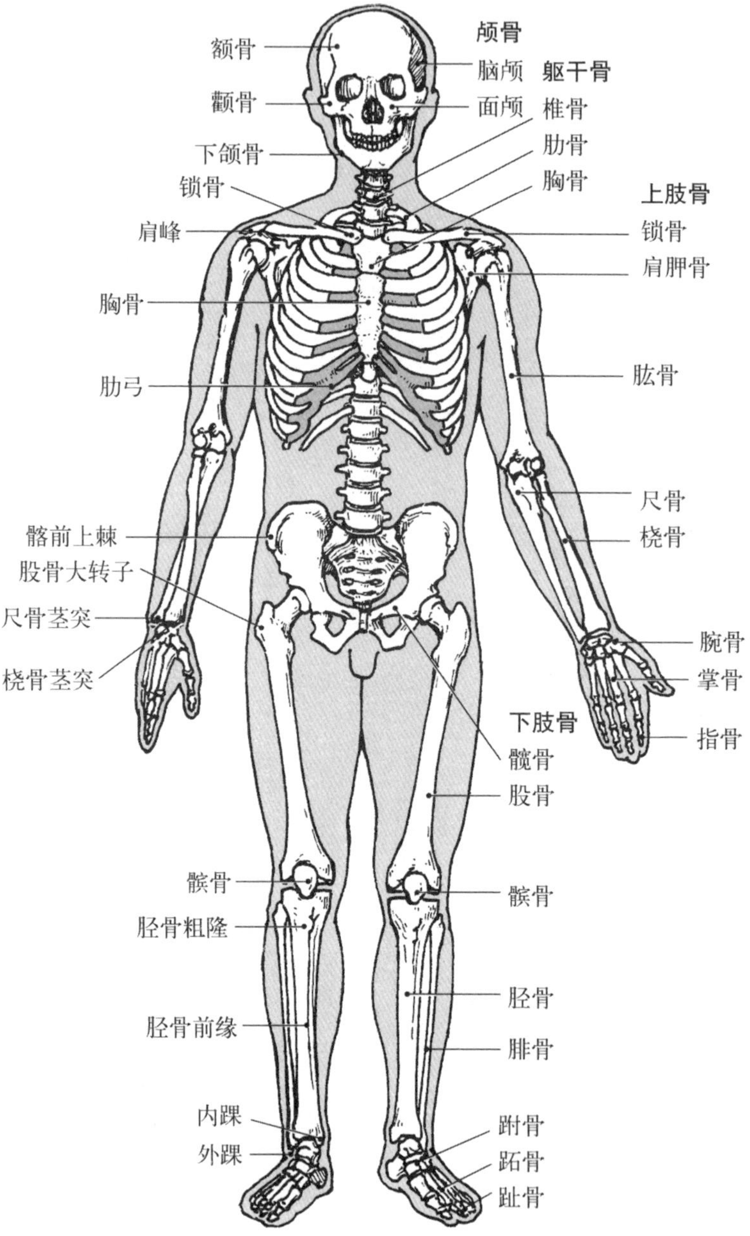

全身骨骼（前面）

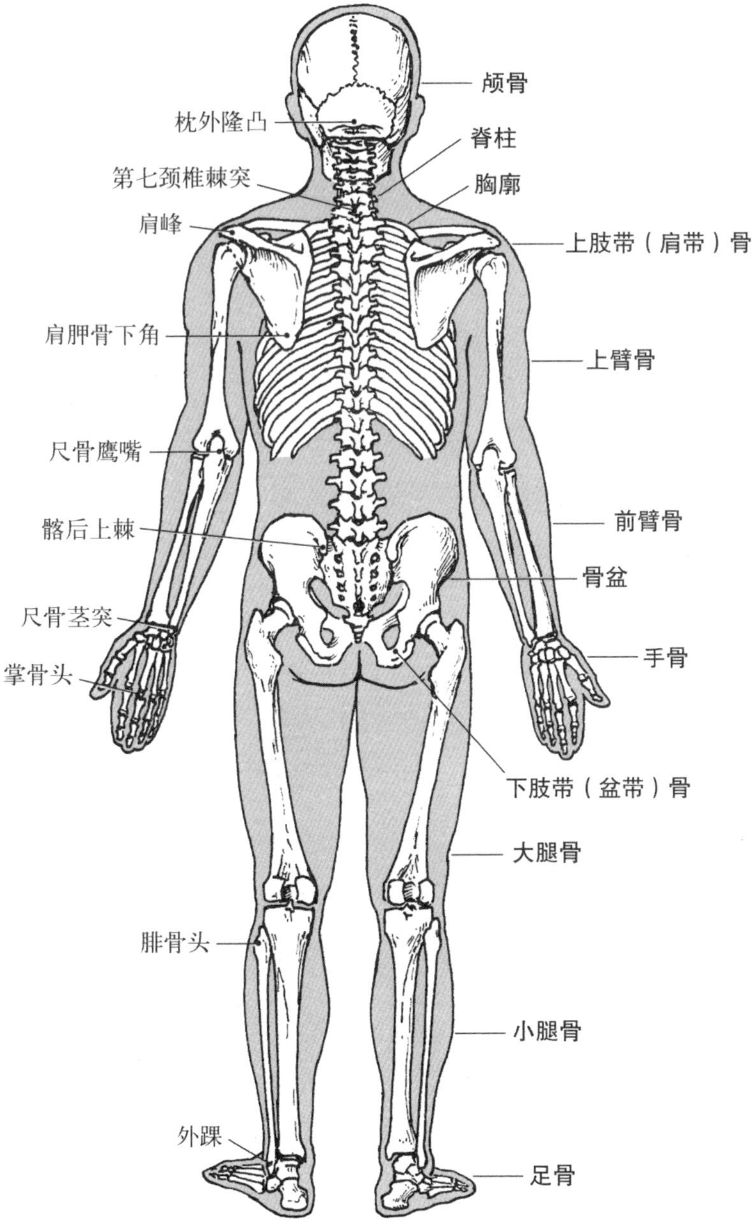
颅骨
枕外隆凸
脊柱
第七颈椎棘突
胸廓
肩峰
上肢带（肩带）骨
肩胛骨下角
上臂骨
尺骨鹰嘴
前臂骨
髂后上棘
骨盆
尺骨茎突
手骨
掌骨头
下肢带（盆带）骨
大腿骨
腓骨头
小腿骨
外踝
足骨

全身骨骼（背面）

致 谢

在本教材撰写过程中，陶祖莱教授从全书框架设计到最终定稿给予了悉心指导与帮助，并参与了部分内容的编写。宋天彬、欧良树两位教授对教材的修改提出了宝贵意见及建议，在此一并致以诚挚的谢意。

健身气功·八段锦教材编写组

2017年8月6日